與死共生

黃慧英 著

序一

從死亡逆推存活意義

台灣玄奘大學宗教與文化學系教授
釋昭慧

生命如何存活？為何存活？這是一輩子的功課；就佛法以觀，這更是一門生生世世的功課。

死亡實相為何？對世人而言，這是幽邈難解的謎團。至於如何面對死亡？這對本能求活的生命來說，就更是無與倫比的難關。

存活即使充滿未知與挑戰，尚可對人生前景抱以期待，並透過個人努力、人際互助與社會支持，讓人獲取資源，體驗生活，賦予意義，創造價值。相較之下，死亡卻是存活的終止，身心的潰散，存活期間的一切擁有至此徹底歸零。大多數人在死亡之前，難免病痛纏身；至於猝不及防的意外死亡，更是讓人錯愕、震撼，並且留下種種遺憾。因此相較於存活，死亡是如此地令人痛苦、悲傷、茫然無措且充滿恐懼。極少人能坦然面對死亡，大多數人只是被迫接受死亡。

人們好生而惡死，趨生而畏死，無怪乎儒家認定，自然法則具有「好生之德」，連大地萬物都在這樣的法則下，生生不息而欣欣向榮。「惻隱之心，人皆有之」，即是這種自然法則在人身上的映現。「以不忍人之心，行不忍人之政」，即是合乎這種自然法則的統領之道。而各種宗教所提供的生命出路，幾乎都是迴避死亡的答案：長生不老，或是永生不死。唯一的例外是佛教，竟然將不再受生的「涅槃」，當作生命圓滿的歸趨。

黃慧英教授以其新書《與死共生》，邀筆者撰寫序文，讓筆者有幸先讀為快。乍看書名，筆者即產生了好奇心，甚想知道，作者要如何論述「死亡」，並且建構一套有理有據的「死亡學」？畢竟如上所述，儒家所認定的自然法則，就是「好生之德」，儒家重視的是存活期間的安身立命與兼善天下，至於緲冥難知的死亡實相，儒家基本上予以擱置，「存而不論」。那麼，作為當代新儒家學者的慧英教授，又當如何填補儒家「存而不論」的理論空間？

細讀下去，竟然欲罷不能。原來本書有如下兩大特色：

一、諸家理論兼容並蓄

作者並未將「死亡」之學，鎖定在一家之言；反之，只要在邏輯上言之成理，只要能讓人積極而有建設性地面對死亡，她都願意博採廣納。因此，她將哲學大師與宗教教主的死亡觀，化約為簡明易了的語彙與深入淺出的說明。她甚至不排除從各種「瀕死經驗」的個案中歸納其共同性，從而為幽邈難解的「死亡實相」，勾勒出一幅清晰的「死亡圖像」。

第一章開宗明義從「死」切入。由於人是「活着」的動物，「死」無法形成在生期間的經驗，於是作者借助邏輯推理，來證成「人一定會死」，分析吾人如何得知自己會死。這麼一來，也就杜絕了所有「或許可以有例外」、「或許可以長生不老」之類的想像，這也等於宣告：「死亡」，是人生的必修功課。

緊接着，作者引述了五位中西、古今哲學大師的死亡觀。在中哲方面，她所列舉的大師，就是孔子與莊子，西哲則獨舉柏拉圖。最後還引用當代靈性大師克里希那穆提（Jiddu Krishnamurti）與心理治療師歐文・亞隆（Irvin D. Yalom）的死亡哲學。在哲學大師之後，即是宗教教主，在本書中，她依「救贖論」與「解脱論」之兩種範型，扼要談述基督宗教與佛教（耶穌與佛陀）的死亡觀。

二、從死亡逆推存活意義

一般而言，生命教育或宗教教育，都是從存活談到死亡。然而本書卻與佛陀「逆順觀察十二緣起」一樣，是從死亡的結局逆推，以證成存活的意義，讓人在面對死亡時，不僅看到無常幻滅的一面，還帶入了以慈愍護生的積極意義。

作者提醒我們：死亡存在於生命的每一分鐘；死亡是提升生命的養份；死亡可使靈魂自肉體監獄釋放出來。也就是說，生命一向就在「與死共生」；經歷死亡，是一整個生命過程，而非僅是一息不來的剎那。因此，死亡的答案就嵌在存活之中。存活過程所值遇的歡樂與痛苦、逆境與順境，倘能被賦予價值與意義，都可讓人不負此生而坦然面對死亡。這些「與死共生」的哲思，在全書處處可見。

茲就眾所熟知的「安樂死」倫理爭議為例。針對為了「尊嚴」而選擇安樂死的理由，作者嚴格區分「自尊」與「尊嚴」，而對安樂死表達了審慎質疑的態度：

自尊與尊嚴是兩碼子事，很多人常常將二者混淆……前者來自別人目光與評價，後者則是一個真實存在的人所固有。只要覺醒靈性我可以為自己訂立人生理想，為世間萬事萬物賦予意義，這就是人的尊嚴所在，不會因為逆境或他人的態度而受損，也不會因為某個層面的自我受限而萎縮。

安樂死可以做到的，充其量只是以終止存在的方式，改變生物我的狀態。它既不能使感性我獲得平靜或喜悅，也不能將他人或外界奪去的自尊撿拾回來。相反，要死得有尊嚴，只需提高醒覺，以清明之心面對，而這與活得有尊嚴是二而一的。

即便是為了拒絕病痛的束縛，作者依然提醒我們，生存從來沒有一刻的自由，有的只是「自由的感受」，問題出在「操控的心態」：

我們需要氧氣，與病患者需要氧氣機供應他們氧氣，本質無異。分別的地方是我們以為自己可以操控環境，而病患者不能。因此可見痛苦的癥結乃在於我們要操控的心態。

作者在人生種種局限之中，區分出「主宰生命」與「操控生命」的差別，並且指出了生命經歷（甚至是痛苦）的意義：

我們有意識，有思想，便能主宰自己的生命。主宰生命不同於操控生命，前者決定我們擁有甚麼意義的人生，後者企圖改變客觀條件來達成某些目的。

我們可以決定自己的一生有何意義，但不能決定人生的種種經歷。在意義的世界裏，我們擁有無限的自由，這自由更給予我們選擇如何面對痛苦的可能性。

像這樣雋永的生死哲思，恍若晶瑩剔透的珍珠，於本書中俯拾即是。這都是作者融合諸家智慧後，千錘百煉以吐露芳華的成果。

近年與慧英教授在玄奘大學成為同事，因此略知其專業背景。作為一位哲學博士，慧英教授的學術專長並不僅是中國哲學，還包括佛學與心理學。對於宗教，她不但有學理認知，也嘗試過禪觀學習。她還兼備心理學領域的豐富知識，接受過不同學派心理治療的嚴格培訓，取得國際心理機構的認可證書，並且擁有個案輔導的實務經驗。作者將這些跨領域的學術專長與實務經驗，融合自身的生命體驗，撰為一套甚具説服力與實用性的「生死學」，筆者有幸先讀為快，誠願更多讀者輾轉分享，得大受用，因茲撰序如上。

二〇二二年八月十三日

於佛教弘誓學院景英樓

序二
智慧人的心在遭喪之家

香港中文大學崇基學院神學院副校牧
前善終服務專科護士
邵倩文

名譽強如美好的膏油，人死去的日子勝過他出生的日子。往喪家去，強如往宴樂的家，因為死是眾人的結局，活人必將這事放在心上。憂愁強如喜笑，因為面帶愁容，終必使心喜樂。智慧人的心在遭喪之家；愚昧人的心在快樂之家。

（傳道書 7:1-4，和修版）

在紓緩護理科工作十多年，曾陪伴過千晚期癌症病人離世，也與他們的家屬一起共度分離、喪失與哀傷的時間。很多人說，做這樣的工作，你一定很累、很無助，因為你要承載很多人的哀傷，面對生命不能逆轉的痛苦，你對生命的感覺一定很灰。

然而，像聖經傳道書所言，比去快樂之家，我更喜愛去遭喪之家，更樂意去陪伴人同度死去的日子。因為在我的護理、牧養臨終及喪親者的經驗中，憂愁強如喜笑，因為面帶愁容，終必使心喜樂。這樣論說，不是美化或淡化死亡所引致的痛苦與哀傷。那些哀痛是真實無比的。但是當我們能凝視死亡的面貌，能真誠地陪伴哀傷時，如黃慧英教授在本書中所提及其中一位智者——歐文·亞隆（Irvin D. Yalom）所言：「死亡殺死了我們，但死亡的想法拯救了我們。」死亡能給活人覺醒如何真誠地、自主地活。也因着我有幸能照顧如此多晚期病人與其家屬，可以從與他們的生命交流當中，得到教導和啟發，令我懂得如何自決，如何有選擇地活出喜樂的人生。

今次為黃慧英教授這本新書《與死共生》撰寫序文，實在榮幸。我們相識並不是因為工作，也不是在討論死亡議題的學術場合，反而是在日常閒娛生活中。我們是參加埃及旅行團而認識的，當時一起體味異國的文化，享受異地的景色，一起在沙漠的星空下遙望默想。然後又再偶遇，一起去學習、操練頌缽，以共鳴、共震的聲音去善待自己、療癒別人。在閒娛生活中的她，給我的感覺是一位平和、溫柔、沉實地體味生活的前輩。

現有機會優先拜讀本書，更感受到慧英教授是位滿有睿智、慈悲、信念而真誠地活的智者，如傳道書所言「智慧人的心在遭喪之家」。本書很容易閱讀，慧英教授以平實、簡樸的文字，從不同的面向去闡述死亡、喪失與哀傷。她先由一些較抽象的理念：哲學、宗教、靈性的自我覺醒等談起，再以人的個別經驗：瀕死者的經驗，及安樂死的案例等去論述，然後向面對至親離世的人提供一些實用的建議；以不同的層次、範疇去展現死亡也可以是一份恩賜，讓我們在日常中去覺醒、去修習，去活出更慈悲、更踏實、更有意義的人生。

慧英教授在本書的文字，與我善終服務的護理經驗和自身喪失親屬的經驗，也有很多觸碰與共鳴。慢慢閱讀本書時，讓我回憶起一些我照顧過的病人與其家屬，及我哀悼母親的片段，還有在香港近來的處境中經驗到喪失的情境，所引發出來的內在隱藏的一些思緒、感受和迷茫。透過此閱讀的觸碰，讓我體會與死亡為友的靈性覺醒，更感恩活在死亡中，從而得着多一分的慰藉與紓解，也彷彿成為內在轉化的養份、力量，讓我更能面對當下生命之喪失與困苦。我特別喜歡慧英教授這段文字：

在生命中，全程投入，時刻覺醒，勇敢地接受生命的挑戰，把死亡融入生命；在死亡中，享受每一回釋放、脫落的輕鬆，在沒有負擔下更能體會存在的喜悅。

祝願各位讀者閱讀此書，就如被智者帶領往喪家去，確認死是眾人的結局，而活人必將這事放在心上，從而更能與死共生，得着從覺醒死亡中轉化出來的睿智、慈悲、信念，繼而真誠地、有意義地活着。

二〇二二年九月一日

於香港中文大學神學樓

自序

黃慧英

人必須擁有信念而生。這句話也是一個信念：它建基於人不單是物理性或生物性的存在，同時也是感性的與靈性的存在的信念之上。不是所有信念都可以科學方法或實證方式證明為真，例如有些信念並不涉及真假，而是屬於評價；有些信念則更為根本，屬於形而上的肯定。縱然不能實證（在經驗界中加以驗證），但它們可以從體證中領悟出來，並且對人類來說，有其共通性。

「人必須擁有信念而生」，「生」字可以指生存，也可以指生活、生命。越低等的生物越不需要信念來維持其存在，如單細胞生物，它們只需物理性的反射或本能便足夠。日常生活的操作，需要系統知識，經驗累積，就算未形成知識之前的「嘗試—錯誤」模式的運作，也需要信念。然而，「怎樣過一個美好的人生？」更基本的，「甚麼是美好的人生？」這等關乎生命存在的核心問題則包含着關鍵性的信念。這些問題不單與價值理論（廣義的倫理學）息息相關，溯本追源，它們還與「人是甚麼？」不能分割。

「人是甚麼？」意義治療學派始創者維克多・法蘭克（Victor Frankl）給出的答案是：「人是需要尋求事物的意義之存在。」人不單有此需要，而且實際上具有賦予意義的能力。由此出發，可以開展如何構成美好人生的圖像，並循此建立每個人的人生目標。

法蘭克的學說不是憑空虛構的，而是從他個人深刻而悲慘的經歷，以及他接觸的治療個案中體悟出來。它對生命存在的信念不是唯一一種對上述問題的回答，很多中外古今的哲學家提供了發人深省的答案，它們之間並行不悖，甚至互相發明。無論是哪一種觀點，都加強了「只有擁有信念的人生才是真實的」這個信念。

也許我們對這個沒有規定內容的「信念」有些擔憂及戒心。但正如法蘭克說的，總不能因有機會選擇錯誤而不去選擇，甚至否定選擇吧。自由亦然：我們總不能因為擁有自由便可以傷害他人而否定自由；更不應因為令人失望的際遇而否定人生。正正由於「信念」沒有特定的內容，便亟待我們去填充。法蘭克的名句：「人沒有權利去質問生命的意義，他自己才是被生命所詢問的對象，他必須以對自己生命的負責來回答生命的詢問。」就是凸顯我們是生命的主人（不是物理存在的主人），生命不單屬於我們，亦由我們去定義與描繪。

擁有信念不是人生的充足條件，它僅是眾多必要條件之一吧了。其他的諸如意義、自由、愛等都是，它們皆可以使一個空白人生推向更高層級的境界。

《與死共生》是筆者有關生死的第四部小書，之前出版的有《訪問死亡：大學生的生死筆記》（二〇〇六年）、《向終點敬禮》（二〇一一年）、《療傷之旅：與你一起經歷喪親之痛》（二〇一五年）。最近翻看舊作，發覺我對生、死的信念，自我二〇〇二年開辦「生死學」一科至今，二十年來始終如一。例如：

「誰能回答死？」……我的答案固然離不開「死生不分」、「死據生存在」、「了解生便即了解死」等信念上，……顯而易見地，生命才是我們的導師！而死亡……是「成長的最後階段」。因此學習與成長，可說是至死方休。（《訪問死亡》）

必然與自由、受制與無限、意義的賦予與毀棄，皆逃不出自我的選擇。（《訪問死亡》）

在聽天由命與絕對操控之間，仍有第三條路。那就是承認並接受我們不可預知甚麼時候死、怎樣死，然而卻可以選擇如何迎接死亡，以及如何預先

為自己的死亡作好準備。（《向終點敬禮》）

為死亡作準備並不是消極的，因為要有怎樣的死，便必須有怎樣的生，例如，要死得有意義，則必須生得有意義。這樣看來，與其說為死亡作準備，倒不如說死亡使得我們的生命更加充實。因為讓我們勇於面對死亡的，在我來說，就是誠實與謙卑，常存誠實，我們便較能看清自己的軟弱、恐懼與無知，進而放下諸般執着，善待自己，體恤他人；心懷謙卑，則讓我們更能接受死生無常，從而安住當下。二者同樣是面對人生的要訣。（《向終點敬禮》）

如何令死亡不再成為生命的威脅，如何融化摯愛死亡帶來的哀傷，就要視乎一呼一吸之間，在幽明之際，我們的覺察，是否足以轉暗為明、化腐朽的身軀成永恆的生命，以至變虛幻而趨真實。在這意義下，發揮覺性，提高覺察力，尋回真我，不單是療癒喪親之痛的良藥，更是生死相安的靈丹。（《療傷之旅》）

雖然基本信念不變，《與死共生》卻將重點放在「人是甚麼？」的探索，以及生與死的幽微關係的闡述上，盡量避免沉悶的學理分析，以及權威式的論斷：不是如實報道（如《訪問死亡》），也不力求輕鬆幽默（如《向終點敬禮》），亦沒有懷抱開解哀傷者的心意，只求平實地與讀者分享對生命存在的個人感悟，嘗試把艱澀的課題耐心地一頁頁展開，期望做到真實而無所藏匿。比對於前三本書，讀者應該從這本書中閱讀到更多我個人的信念；它們不是由我首創，在我生命中一直啟發我、滋養我、豐富我的老師太多，不容向他們一一致謝，反正本書中提及的名字都是我心悅誠服、對我影響甚深的老師。

當然最重要的那位是經常出現我生命中的，他叫「死亡」（別名「失去」、「痛苦」……）。

二〇二二年八月十七日

鳴謝

本書得以在此時此地面世，從內心的信仰，表現為文字，我心中感激的太多，其中一些必須鳴以謝之。

昭慧法師與倩文在極度繁忙的日程中，犧牲寶貴的休息時間為本書賜序，她們雖然來自不同的宗教背景，但都是忠於生命、活出自我的女性，在序文中，流露出對生命的堅定信念，無私的實踐精神，使我感動不已。她們的認同與支持，讓我體會到同行的力量，這比序文本身更為珍貴，由衷感謝。

也非常感謝推薦本書的庶深老師及淑子。庶深老師與我並非深交，卻願意慷慨推薦，十分感謝。淑子是我靈性上的知交，莫逆於心，不待言謝。

要感謝的還有替本書創作插畫的 Faith，她的畫作永遠都令人着迷，背後的心思玄妙深刻，與我簡單的文字恰成對比，值得細細體味。

本書最後一章，精選了一些與死亡／生命有關的文學、電影、時代曲等作品為探討主題，同時請來了一些朋友分享他們的閱讀與觀影心得，它們深具啟發性；此外，也邀請了一些朋友發表悼文及詩篇，期望這些文字能喚起讀者心靈深處對死亡的意象與感觸。謹向他們致以謝意。

本書從意念到文字出於筆者，然從文字的編纂到版面的編排，編輯之功實不可沒。責編 Elsa 仔細的文字修飾，高效率的編輯工作，使本書能夠早日漂漂亮亮地與大家見面；當然還有幕後的團隊，在此一併致謝。

今日是母親逝世三週年的忌辰，謹將本書獻給她。

願我對她的愛融入她的大愛中。

二〇二二年九月一日

推薦文一

國立台北護理健康大學 生死與健康心理諮商系副教授
吳庶深博士

本書《與死共生》深入淺出的介紹生死大事，呈現死亡的不同風貌，讓我們感受到死亡距離我們並不太遠，引導我們在有限的人生當中，珍惜所有生命的相遇，並活出生命的豐富及美好。最後我們會發現，死亡是我們生命中的良師，帶領我們反思人生，經歷新的成長與改變。

推薦文二

香港善終服務先驅、白普理寧養中心首任護理總監
鍾淑子

人生無常，我們不能預知一生中會有甚麼事發生，但卻能肯定人世間的生命，有一天將會終結。雖然死亡如此真實，大多數人卻未有做好足夠的準備，一旦面對不治之症或親人離世，便陷入絕望的恐懼及哀傷中，久久不能釋懷。

黃慧英教授的新書《與死共生》，以精簡易明的筆觸，傳遞她對生死學深入研究的洞見。書中闡述中外多位哲人及各大宗教的死亡觀，探討建構生命及死亡的意義，給我們很大的啟發，其所引用的瀕死經驗研究資料及個案，能幫助我們思考死後生命的可能性。這樣的探索過程，必會觸碰我們內

心深處的疑問——我是誰？並帶來靈性的醒覺，讓我們反思如何好好地生活，如何面對生命的苦痛，以及如何妥善地處理死亡等課題。

願你和這本好書的相遇，能幫助你更了解自己是誰，更能輕鬆愉快地生活，也能無畏無懼地面對死亡。

目錄

第八章　修習之路

第九章　生死讚歌

附錄

前言：與死共生

病毒肆意漫延，不分種族、地域、年齡。縱使人類不斷發明對策、防疫措施、疫苗……它卻變種又變種，人類疲於奔命。更令人沮喪的，就是聽到專家們都異口同聲說：「病毒是不會消失的，它將與我們共存。」假使這是真的，難道我們就要永遠戴口罩，定期接種疫苗，甚至每次出入境都要隔離嗎？

我們想擺脱疫症，並非妄想。的確，曾經肆虐長久的傳染病如肺結核、天花、痲瘋等，雖不至銷聲匿跡，但似乎大多在人類的控制底下；然而，仍有許多疾病迄今都沒有在我們的生活中消失。

由病説到死，似乎是自然而然的聯想。事實上，人們恐懼疾病，尤其是絕症，正是人們恐懼死亡的表現，抗拒疾病幾乎相當於抗拒死亡（二者關係的糾結，使得它們表面看來沒有直接關係，容後再說）。在這個疫情叫人惶惶終日的時刻，渴望控制、遠離，最終杜絕疫症是最合理不過的事。然而我們心底虛怯，曉得「無病無痛」這祈願遙不可及；在那天到臨之前，大抵我們要接受：生而為人，終難免患病。如此，與疾病共存可能是此心安處了。

弔詭的是，一方面說抗拒疾病就是抗拒死亡，另一方面，縱使極少例外的人不期求免除生病之苦，但是否每個人都追求長生不死，卻又成疑問。然而，無論你想不想死，都必步向死亡。問題是：我們能夠接受死亡，一如接受不能完全避免的疾病、苦難與失去嗎？既然死亡是驅之不走，躲不了，殺不死的，它必然與我們共存亡，那我們可以不「與死共生」嗎？

就算我們接受「與死共生」，但如果這接受並不是心甘情願的，而是無奈的、被迫的接受的話，則我們仍未能坦然面對死亡，因為這樣還不是「共生」的真諦，仍然將死、生視為兩極；然而，假若了解到共生是共存共亡、互補互濟、互相滋養的話，亦即洞悉你中有我，我中有你，不是彼此對立，此消彼長，那麼我們可以終其一生，生死與共，攜手邁向超越生死的境界了。這也是本書試圖向大家鋪展開的圖像。

第一章

百般看「死亡」

「人會死」——邏輯推論的結論？

「人一定會死？」你怎麼知道？有人說，因為人是生物，是有生命的存在，而凡有生命的存在便必定有死亡，這是必然的，而且這必然性是從對「生命」的界定而來。有基礎邏輯學訓練的人都知：從界定而來的真理之必然性是不能否定的。因為否定它是自相矛盾的，正如在這個問題上，我們若否定「生命的存在會死」，亦即否定「會死的存在會死」一樣，是自相矛盾的。雖然「生命的存在會死」不能被否定，但它對這世界一無所說，因為它只說出相當於「紅色的花是紅色的」這永恆不變的真理，然而卻沒有說及這世界有紅色的花存在這事實。

於是有人說，古往今來未見有不死的人，所以從經驗上歸納出「所有人都會死」的結論。然而，正因是歸納推論，它的結論並無必然性——這也是邏輯書上教的——它是只具某個或然率的真理。即是說，無論如何微小的百分率，「有些人是不死的」是可能的。

可不可以不用邏輯去談呢？像托爾斯泰的中篇名著《伊凡・伊里奇之死》（*The Death of Ivan Ilych*，俄文：*Смерть Ивана Ильича*，一八八六年）中，主人翁伊凡就很抗拒用邏輯來「證明」自己會死。對於邏輯教科書中的典型演繹論證範例：

凡人皆會死

凱撒是人

所以凱撒會死

他認為這縱使是確當的（撇開對大前提「凡人皆會死」的上述的質疑），也不能藉此規定「我」會死。伊凡很困惑，畢竟「我」是一個獨特的存在，有特殊的思想、感情、記憶；他還記得：年幼時的他，拖着母親柔軟的手的感覺，還記得他用小手偷偷輕握母親絲質長裙，發出的窸窸窣窣的聲音，這是極其私密的感受。一切經歷組成這麼獨特的存在，怎可以任由「凡人皆會死」這全稱命題吞噬而置於死地！

我們怎樣得知自己會死？

邏輯不能說服伊凡他會死，也不能說服我們自己會死。但是我們從日常生活中，不論經報道還是親身經歷，都有大大小小的死亡事例，不停說服我們自己也是「凡人」，也逃不過死亡這終極大限。然而，假設我們從沒有直接或間接經歷任何的死亡事件呢，那麼我們是否不會有「人會死」這個概念了？

讓我們做一個思想實驗（改寫自伏爾泰的看法）。設想有一個男孩獨自在孤島中長大（不要問如何能夠），他從沒有見過其他人類，當然更沒有經歷過人的死亡，那麼他會否知道身為人類的他會死呢？或者你會說，他見過其他生物，如雀鳥、魚類、螞蟻等的死亡，便會「推論」自己會死。這推論如果是類比式的，則這些類比上的相似性確實很弱。那個人會感到自己與眾（生）不同：牠們會死，可我是另類的，長得不像牠們啊。這樣的話，我們是否贊同這個人不知有死？

托爾斯泰（Lev Nikolayevich Tolstoy, 1828-1910）

俄羅斯小説家、哲學家、政治思想家，被公認為最偉大的俄國文學家。多次獲諾貝爾文學獎與和平獎提名，但從未獲獎，成為諾貝爾獎歷史上巨大爭議之一。一生創作不輟，著作等身，以《戰爭與和平》、《安娜．卡列尼娜》、《復活》等長篇巨著聞名於世。作品被譯為數十種文字傳世，並不斷被搬上舞台及銀幕，影響深遠。

話說回來，我們得問，孤島男孩是否有死亡的概念？對他來說，甚麼叫「死」？又如果我們將現代對死亡的界定從純粹生物學上或醫學上的面向，轉而為哲學的，則可能有嶄新的具啟發性的視野。尤其當我們意識到人的存在不只是物理性或生物性的，而有其他方面的存在，則這觀點更有參考價值（見第四章）。

如果「生」是存在，我們可以將「死」理解成由存在到不存在的不可逆轉狀態。

我們試把這個對「死亡」的理解套用到孤島男孩的例子上，假若他有一般人具有的回顧能力，他會記得，並且肯定，十年前的他，三年前的他，甚至昨天的他都已逝去，是不可逆轉地不再存在了；即是說，過去的他是死了的，因此孤島男孩不單知道自己會死，且實際經歷了無數的死亡。雖然他的生命延續着，但每一刻其實是一個新的生命。同一生命的持續只是靠當事人的記憶及意識建構出來的。

這個死亡觀看來違反了常識上以生物存在的特性來界定的死亡觀念，但後者只是一種習以為常的看法，兼且會迎來很多挑戰，例如植物人算不算活着？新的「死亡觀」將生命存在涵蓋了生物、思想、意識等層面。當一個人意識到過去的自己已死，而未來每一刻的存在等待着新的自己去創造，於是死亡便不會在不可知的未來突然出現，恫嚇着我們，卻是已發生的。至於它扮演着踏步向前的階梯，還是拖我們後腿的無形之手，端賴我們的意識如何整合過去、現在與未來。這觀點引申而來的「生存觀」就是：只有當下我們意識到的才是存在，才是「生」，除此之外是「死」或「不存在」。當我們了解甚麼是生，也就知道甚麼是死，並且可以肯定「我們會死」的事實。

生命必死，死帶來生命，生命又歸於死亡，循環不息。

哲學大師如是看死亡

「甚麼是死亡？」這個問題的答案不是一個事實，正如「甚麼是植物？」一樣，是一個關乎界說的提問。因此是人為的。當然這並不代表是隨意的。一個定義有助我們認識相關的知識，甚至影響到我們的行動或決定，所以界說亦有好壞之分，有過寬或過狹的情況。

關聯於死亡定義的行動或判斷，包括有「器官移植」、「刑法」、「保險」等方面，亦會隨科學的測量技術及醫學儀器的發展而相應更新。此外，關聯到人生價值、終極目的、意義等等的思考，則可說是死亡的哲學觀念或死亡哲學。

以下是中西哲人——就尊稱他們為老師吧——的死亡哲學範例。

落實生命價值，安頓人生意義

這位老師認為，現實世界縱使極之不完美，眾人為了一己利益，踐踏秩序，互相殺戮，但個人無論如何卑微，仍然可以活出有價值的一生。人們必須肯定自己明辨是非的能力，相信自己是價值標準的創立者，並終其一生努力實現人的內在價值。他們不規避現世的黑暗，更不因而唾棄生命，反而要將自己的才華發揮極致。這些人不遁隱山林，當然亦不會同流合污。他們的人生目標不必很宏大，各人因應自己的能力而盡一己之責：可以在家庭內開始，去作一名好兒子、好妻子、好父親；與朋友交往時，以尊重、包容、鼓勵守護朋友關係。

老師主張，人們應對自己有所要求，不斷學習來充實自己，不放縱自己的欲望，常常代入對方觀點，盡量做到感同身受；自己有實現理想的機會，也希望並助成他人有這些機會。老師尊重並接受命運，卻堅守原則，雖然不一定能達成目的，只求盡其在我，不畏強權，為求彰顯人的尊嚴。只要能做到這些，便是老師心目中的美好人生。

至於死亡，老師說，人們在生時若能盡力活出美好的一生，臨終時便不會有遺憾，死亡可以說是一個歸宿，讓人可以真正安息。死後世界是怎樣的，不必過份耗神關注，因為那不是我們能夠擁有的知識。

總結老師的教導：「活好今生，死而無憾。」這位老師叫孔丘，人稱孔老師，他的追隨者稱為儒家。

孔老師說，人們在生時若能盡力活出美好的一生，臨終時便不會有遺憾，死亡可以說是一個歸宿，讓人可以真正安息。

逍遙遨遊生死之間

這位老師一生追求灑脫無羈絆的人生。現實世界太多掣肘、束縛，使人們得不到真正的自由。人有身體，有欲望，有感情，還未計權利、名譽、地位、環境的引誘，在在都牽制着我們。但生而為人，很難完全擺脫現實條件而生存；原來老師教導我們的是，不要將自己等同於身體，我們是比物理存在更大的；也不單是感性自我，否則被感受與感情牽引；亦不只是會作出好、壞道德判斷的個體，否則會陷入某些價值系統中而自以為是。

老師所嚮往的是心靈或精神上的自由。要獲得此種自由，必須摒棄由成規而來的價值觀、由成見累積的、就某些前提而衍生的知識；不執着於是非、對錯的對立標準；如能做到忘我（放下對生物我、感性我、認知我、道德我的執取），便能達到逍遙無礙的絕對自由之境。人們對死亡的抗拒及對親人逝世的悲傷，主要來自將生與死視為對立的現實，假若明白到人只是萬物存在的一種形式，氣聚則生，氣散則死，死後便回歸萬物存在的總根源——「道」，那麼死亡便不再是一種威脅了。但這亦要靠平日的努力修習，才能領悟上述的道理，甚而可以於在生時與道合一。所以他說：那些能好死的，就是那些能好好地活的。

這位老師叫莊周，人稱莊先生，他信奉的學說稱為道家。

死亡可使靈魂自肉體監獄釋放出來

這位老師相信，人在生時靈魂被囚禁在肉體內，死亡則是靈魂從肉體監獄的開釋，亦可說是淨化靈魂的根本途徑。人死後靈魂會受審判，以他在生時所作的功過而獲得獎賞或懲罰，一般人的靈魂會轉世投生，只有純潔的靈魂死後才能與天神交往；所以老師是相信有死後世界的。死去的人沒有軀體，與同樣想以智慧淨化自己的人住在一起，將來還要到更美好的地方。

莊先生認為，假若明白到人只是萬物存在的一種形式，氣聚則生，氣散則死，死後便回歸萬物存在的總根源──「道」，那麼死亡便不再是一種威脅了。

老師認為，人在世時要盡力尋求智慧，死後靈魂才得以解脱，人死時除了自身的修養，甚麼都帶不走。哲學家深明此道，所以常常尋找智慧，不沉溺於肉體及欲望之中，在他們進行玄思時，幾乎擺脱肉體的束縛，相當於進入死亡的狀態，可以説是死亡的練習。因此老師説，學習哲學就是學習死亡，哲學家是最「抵死」的，在所有人心中，他們最不怕死。他説：「一輩子追求哲學的人，臨死自然輕鬆愉快，而且深信死後，會在另一個世界上得到最大的幸福。」

這位老師住在雅典，名叫柏拉圖。

死亡存在於生命的每分鐘，愛也是

這位老師認為，生和死並沒有分別，生與死是一體的。這話怎麼説呢？人們執着於過往的經驗、所擁有的東西、熟悉的事物，這樣的話，活着只是

柏拉圖老師相信，人在生時靈魂被囚禁在肉體內，死亡則是靈魂從肉體監獄的開釋，亦可説是淨化靈魂的根本途徑。

心念及習慣的延續，那不是生，反而是痛苦的根源。因為人們渴求不斷延續下去，但死亡不容許延續，所以人們會害怕死亡。老師指出，假如每分鐘都讓這些心念、記憶與習慣死去，捨棄熟悉的事物，那麼心靈不再累積經驗，便是純真的、新鮮的、無懼的。這個時候，心靈便存在於愛的狀態中。

老師告訴我們，愛是活生生的，不是記憶。若能做到每一天、每分鐘都死去，心靈便在每分鐘更新，並且充滿愛。所以說：生和死其實從頭到尾是一體的。

這位老師生長於印度，名叫克里希那穆提（Jiddu Krishnamurti）。人們稱他為二十世紀的靈性大師。

讓死亡提升生命

身為心理治療師，這位老師最關注的是人類對死亡的焦慮。雖然死亡焦慮是自然而普遍的，但若以不良的方式如否認、壓抑或對抗來處理它，便會導致各式各樣的症候、症狀或人格特質等的「精神病理學」。老師致力尋求如何避免由死亡焦慮而產生的精神或心理問題。他指出，將死亡觀念從災難性的轉化成建設性的、有意義的處境是第一步。老師認為雖然肉體的死亡可以毀滅一個人，但對死亡的觀念卻可以拯救他。對他來說，死亡是一種催化劑，可以把人從一種存有狀態推動到更高的存有狀態——令人想尋求事物的

克里希那穆提（Jiddu Krishnamurti, 1895-1986）

印度作家、演說家和思想家。他認為真理純屬個人的了悟，無法透過任何人為的組織而獲得。畢生巡迴世界共七十多個國家講道，直到九十歲高齡。著有《你就是世界》、《生命之書》、《和生活和好》等書，其著作被翻譯成超過五十種語言。全球多國包括美國、歐洲、印度和澳洲均設有克里希那穆提基金會和學校。

本質。如何能作出轉化呢？首先，要覺察死亡，並預期死亡可以提供豐富的觀點來關懷生命。其中一個觀點是：「生命無法拖延。」不要把生命拖延到未來，每個人只能活在當下，而且當下就是永恆，永恆不在未來。只要一個人還活着，便能改變生活（生命）。

另一種使死亡能提升生命的做法或心態就是：「數算自己的福氣」。老師提醒我們，假若把死亡牢記於心，便能對無數的既定事實保持感恩、欣賞的心態。

總括來說，如果人們能對死亡多點覺察，便能克服死亡焦慮引致生命的扭曲。

這位心理治療師從無數的案例中建構出有關死亡的觀念，就是一種死亡哲學。他現居美國，名叫歐文・亞隆（Irvin D. Yalom），是存在主義治療法的代表人物。

歐文・亞隆（Irvin D. Yalom, 1931-）

生於美國華盛頓，美國當代精神醫學大師、著名心理治療師和思想家。他將以人際關係為基礎的心理治療理論發揚光大，成為美國團體治療的當代權威，並將存在主義哲學融入心理治療之中，開創風格獨特、也啟發無數人的治療思想。著作等身，其中《團體心理治療的理論與實務》、《存在心理治療》為心理治療的經典教科書，並有小說、散文集等多種，均為全球暢銷之作。

宗教對生死的終極關懷

很多人相信，宗教能幫助人超越死亡；的確，所有的宗教都對人類的終極關懷——死亡與生命的關係以至死後往何處去——積極提供解答。不論你接受與否，這個解答都充滿啟發性，能照亮我們的生命。

救贖——永生的可能性

人是有限的存在，人類的生命是有限的生命，因此會有死亡。人是被創造出來的，創造人類及這個世界的，稱為造物主。人們尊稱之為神，並且因為尊敬，用「祂」來指謂。神是無限的，不能用任何屬性來形容，甚至不能對祂建立知識。但人仍然可以感受到神的大愛。

沒有人是不死的，死後要接受審判，人的自大、貪婪、自私，使他們不自覺地傷害他人。其實自大本身就是罪：人以為可以以自己的能力作出判斷，卻使世界形成對立。因為犯罪，人們只能過有限的生命，亦因為人本身有罪，所以不能自我救贖，也不能享有永生。

二千多年前，有一個「人」死了，與其他人一樣經歷了死亡的極度痛苦，但神卻讓他復活了，享受永遠的生命，原來這個「人」是神的兒子，是神差遣來世間的，目的是救贖人類，這個人是清白無罪的，祂以純潔的血清

耶穌基督是救世主，人若相信祂，同時信奉神的道理，便會在審判後得到永遠不死的生命。

洗世人的罪，祂的死亡與受苦是救贖世人付出的代價。人若相信祂，同時信奉神，便會在審判後得到永遠不死的生命。所以對世人來説，死亡是必然的命運，但亦有超越此宿命的可能性，而選擇是在人手中。

為了人類而犧牲自己生命的救世主稱為耶穌。這個宗教稱為基督宗教。

覺知無常中的常道——慈悲

這個教派覺察到：幫助人們超越死亡的，是內心的慈悲（這也是內在於人的覺性）。因為慈悲，可以讓人體會到痛苦的根源，也讓人理解到世界上仇恨、殺戮、欺騙、奸詐等背後的原因。慈悲叫我們對自己、對他人寬恕，但慈悲不單叫我們寬恕，還教我們如何切斷造成痛苦的源頭，教我們面對一些不可控制的處境及力量，了解及接受世界發生的一切，本來就不是我們能夠操縱或決定的。明白世間運作的模式是本於無常，我們便得放下主導

佛教指出，人應該積極地去除阻礙我們發揮慈悲心的要素——對自我的執取。修習智慧和慈悲，直至開悟成佛，便可超越生死，不受輪迴之苦。

的心態，如其所如地容許一切發生，不抗拒亦不勉強爭取。這不是被動地任由外界的力量去播弄自己的人生，而是積極地去除阻礙我們發揮慈悲心的要素——對自我的執取。

看來這是一個循環，慈悲要我們去執，去執又可加強慈悲。的確如此，在這循環中無論以哪一端（圓環哪有所謂起點？）開始，正面來說都會逐漸加強超離痛苦的能力。同樣地，反面來說，執着於自我，以至自己的觀點、判斷、知識，會削弱對人對己的慈悲心，到頭來也令人更執着於自我。痛苦因而沒有盡頭，至死不休。甚至將痛苦延續於死亡之後，使到死亡不是解脫，而是累積痛苦至下一個生命。因此非常着重修行。

這個教派以「覺者」命名，名叫「覺者之教」，一般人稱為佛教。

第二章

你怕死嗎？

大多數人會答：「是的，我怕死。」有些人卻堅定地答：「我不怕。」跟着補充說：「我不怕死亡本身，只怕死前的不適如痛楚等。」假若這些不適在大多數情況下都不可避免地附隨在死亡的過程中，那麼，再強分死前和死亡本身便變得不重要了。何況，縱使有少數的無痛死亡（所謂無疾而終），但既然那只是願望而毫無保證，那麼，無痛死亡就不該納入預期當中。讓我們先看看大多的怕死者所意識到的死亡可怕在甚麼地方。

我怕死

怕分離

離開這個世界，也與摯愛的人分離，情何以堪！千萬個捨不得。

怕失去

不捨得的又豈只親人死黨，還有多年來收集的珍藏，悉心佈置的家居，可以讓你呼風喚雨的權勢，旅遊的快樂，在專業上的成就，辛苦贏來的獎狀……一下子都化為烏有了——連我們自己也不再存在——難怪死亡被稱為終極的失去。

怕孤單

失去熟悉的人，告別熟悉的環境，無法帶上代表尊貴身份的VIP卡，頓成孑然一身。茫茫前路，沒有人陪伴與安慰，也沒有傾訴的對象，從而冒生恐懼。

怕——不知怕甚麼

正是不知前路是甚麼，會遭遇甚麼，太多的傳說與猜度，始終沒有人能清楚告訴我們死後的世界是怎樣的；是否有最後審判？還是灰飛煙滅？單是如此想想也讓人覺得可怕。

怕死前的痛苦

就正如上面所描述的，死前——或者說步向死亡時——會經歷不同的痛苦，而事實上，痛苦也不單來自器官的敗壞或衰竭，也來自心理上的無奈、絕望及預備的哀傷（見第五章〈安樂死＝安樂之死？〉）。

不怕死的一族又有甚麼看法，使得他們無懼死亡呢？

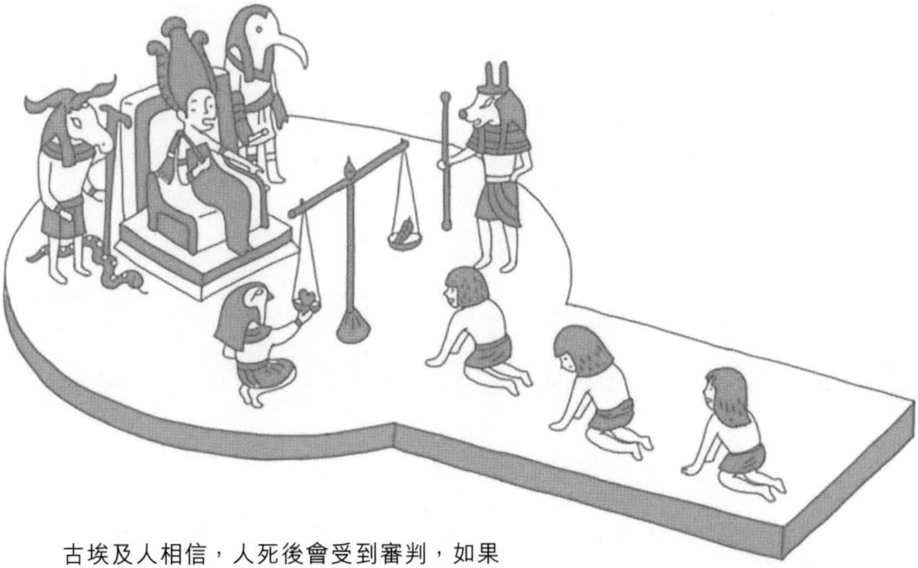

古埃及人相信，人死後會受到審判，如果心靈因犯罪而比一條羽毛更重，便會給狗吃掉，不能重生。

第二章
你怕死嗎？

死都不怕

天下無不散之筵席

回顧過往的歲月，唸小學、中學時無論多親密的同學，轉了校或畢業後各散東西，友情難以維繫，若干年後甚至形同陌路，是屢見不鮮的事情。雖然惆悵，但這就是「友情永固」的反證吧。

死亡也令我們與摯愛的人分離，縱然傷心難過，但也是無可奈何之事。然而，死亡並不能奪走我們與親人的愛，我們不單可在心中懷念逝者，也可用某些紀念的方式與逝者保持聯繫。如果相信人死後仍然會以某種形式存在的話，則愛是不會被阻隔的。

怕失去？

假使我仍在生，當然害怕失去財富、職位及其他有價值的東西；但如今面對死亡，生命即將失去，那些東西便變得無關重要，甚至是負累。這個時候，反而要問，擁有甚麼能夠幫助我們輕鬆地過渡死亡呢？

孤身走我路

有人說：「來的時候一個人來，走的時候一個人走。」聽來有些孤獨，但既然來時都能挺過，進入這個世界倒也有很多人歡迎祝福，走的時候嘛，假使知道要去的地方，隻身上路也未嘗不可，說不定還有很多先我一步的人來迎接及導引呢。

死亡令我們與摯愛的人分離，但死亡並不能奪走我們與親人的愛，如果相信人死後仍然會以某種形式存在的話，則愛是不會被阻隔的。

回家

很多人對死後不知會去甚麼地方而感到茫然，因而會有很多焦慮與猜想；但有信仰的人相信死後有另一個世界，或天堂或地獄或煉獄，又或輪迴再返人間……那麼人的死亡只是回家或旅程，因此不應驚慌；反而所需擔心的並不是死後，而是今生——所作所為是否足以保證死後能去不再受苦的永恆國度。

無痛死亡

我們不能祈求沒有痛苦的人生，也不能祈求沒有痛苦的死亡，若有幸擁有後者，只會視為上天的恩寵，或運氣，又或者是積下的功德。與其束手讓恐懼佔據，倒不如積極過健康的人生。

深層的恐懼

自我的消亡

當死亡到來時，自己消亡了，這世間再沒有「我」這個人存在，無疑令人驚恐不安。這是因為我們往往慣於將自己認同於某些特定的角色，但真正面對死亡的，並不是這些角色（例如：身為某人父親／母親／子女的我即將離世，不只代表在這個世界上，某人將失去他的父親／母親／子女）。

死亡令我們不得不剝掉角色的外衣，這會令很多人感到自己變得一無所是，那麼自己是誰？於是產生恐懼。

死亡正正是令我們覺醒「我是誰」的契機，如能尋回不會因死亡而歸於虛無的自我，才能抵禦對死亡的恐怖。

年齡的增長讓我們更有智慧，還是更封閉？

摧毀了延續的希望

一般人都希冀獨特的「我」，以及熟知的境況會一直延續下去，只有如此才感到安全，但死亡摧毀了延續的希望，我們因而感到恐懼。正如我們開始了一個計劃，便想一如預期地達到目的；又例如畫一幅畫，總想完成它。

然而，死亡突如其來，令人措手不及。就像在電腦鍵盤上打字，忽然hang了機，前功盡廢，令我們覺得枉費精神。因此只要我們想延續，以期得到某些結果，便會害怕死亡。

二元思維的產物

我們習慣的思維模式是二元對立的：好—壞；美—醜；善—惡……。同樣地，我們對待死亡的問題，也是以生—死，這邊—那邊，已知—未知，可以控制—不可控制，這樣的方式來設想生與死的關係，彷彿有一條清晰的界線，劃分生與死。這樣一來，我們固然可以在生命這邊感到安全，讓我們自由地追求想要的東西，但同時卻不自覺地將所有不接受的東西摒於生命之外——那個不知的死亡領域。因此，死亡必然地是恐怖、令人絕望及令人恐懼的。

第三章

如何死？可以選擇嗎？

死亡的成因

人類的死因有很多，主要的有疾病、意外、自殺等，疾病亦有多種分類方式，如慢性病與急性病；先天疾病與後天疾病；意外亦有自然災害、人為災禍（如戰爭）、個人遭遇等。各種死因之中有些是不可能控制或避免的，有些則可藉改善生活習慣或環境因素而減低發生的可能性。自殺則是人為地以某種方式有意結束自己的生命。

就算沒有上述的死亡因素出現，人還是可以因為老化導致器官衰竭而死亡的，這樣的死亡被看成生物的自然韻律，壽緣已盡，壽既終而得以正寢也。這似乎被中國人視為最自然，因而是最容易接受的死亡方式。然而，無論是哪種方式，死時的情境及時間，都不是人可以決定的。

人類的死因有很多，無論是哪種死亡方式，死時的情境及時間，都不是人可以決定的。

第三章

如何死？可以選擇嗎？

死亡的姿態

或許正正由於死亡的不可知，以及「死後往何處去」的不確定，更由於（上一章談及）對死亡的恐懼，我們對於死亡的形容絕大多數是負面的，如悲慘、傷痛、不幸等。死神的形象也多被描繪成面目猙獰，或陰森恐怖，或蒼白無生意的。對死亡較好的形容，也只是「安詳」而已。我們對死亡的想像，難道就是這般狹窄而無望嗎？

我們可以嘗試用某些形容獨特而令人羨慕的人生的詞彙，套在死亡上，看看效果如何。譬如說，瀟灑、莊嚴、優雅……都不賴啊。又或者雍容、華麗、幽默、歡欣、圓滿、偉大、潔淨也未嘗不可。在形容「生」的字典中找一些我們嚮往的生命姿態，轉換成對死亡姿態的描寫，並不單純是文字遊戲，而是啟發我們：雖然對死亡的成因我們無從決定，但對死亡的姿態還是我們可以選擇的，實現與否的關鍵在於生命的姿態上。而生命的姿態是我們的意識與心態可以決定的！

NDE——從「另一邊」捎來的信息

甚麼是 NDE？

NDE 是 Near Death Experience 的縮寫，中文一般譯為「瀕死經驗」。為數不少的人在病重或發生嚴重意外的時刻，醫生已宣佈死亡了，他們卻重新活過來。令人訝異的不是「復活」，而是在這段「已死」至復生的短暫時間裏，事主有一些特別的經歷，而不同人的經歷竟然非常相似。上世紀七十年代，英美各國開始有學者從事這方面的研究，搜集個案，記錄下來，編輯成書。十多年前亞洲社會如台灣等地也開始有研究瀕死經驗的組織誕生。比對之下，發現東、西方的文化雖然迥異，但 NDE 都很近似，例如脱體、穿過隧道（或漏斗、離心器、過山車……）、聽到某些樂音、感到自己不是物質的存在、見到光、與過世的親人重逢、快速回顧自己一生（像看高速錄像）、感到充滿愛與無限包容的靈體……等等。

經歷過 NDE 的人士並非罕見，據一個二〇一九年的統計，在三十五個國家中，有百份之十的人口便曾有此經歷。根據二〇一一年紐約科學學院（The New York Academy of Sciences）年報中刊登的一個研究，有九百萬美國人報稱曾有 NDE。

瀕死者的感受

1. 無論有甚麼宗教信仰的人，他們經歷了 NDE 之後，都確信人死後有另一世界，可以與先人重遇。

2. 他們會感到平和、喜悅、與世無爭，沒有煩惱；大部份都不想重回世間，只是有時為了未完成的責任，有時覺得還未準備好，有時領悟到有一些任務等待他去做，因而「不得已」要回來。

3. 在「離世」的那段時間，大多數人都會見到強光——非常強烈但不刺眼——有些有形象，如耶穌、觀音，有些沒有形象；但都不約而同地感受到被無比強大的無條件的愛包圍，覺得溫暖和舒服。

4. 很多人都經歷快速的生命回顧，將一生巨細無遺地重現一次。在回顧中，瀕死者會同時感受到與他互動的對方的感覺。例如他在中學時曾經與同學打架，踢了同學一腳，在回顧中他會感到被踢中的痛；又例如某次他故意弄壞了弟弟的玩具，在回顧中他也感受到弟弟的傷心與憤怒。

5. 在回顧中，他以一個更廣闊的角度看到自己，但他之前無論做了甚麼，都得到無條件的愛的包容與接納。

6. 在 NDE 中，毋須用語言溝通，用心靈便可直接了解對方的心意。

科學界的質疑

具有科學頭腦的現代人，對於 NDE 這些背離科學原理的神秘經驗，自然會提出質疑。其中一些人會直接指出 NDE 只是幻覺，亦有一些人企圖用人的生理結構去說明產生這些幻覺的原因，例如人在垂死之際，腦會分泌大量的內啡肽，使他們感到祥和、喜悅，又或因為死的過程缺氧，所以視覺上好像「見」到隧道及光。有些科學家甚至做了一個實驗，研究發現當人在訓練太空人的離心機器上，也一樣會經歷強光、隧道及狂喜的感覺，然後推論，瀕死者也是處於這樣的一種狀態，所以不能因而推斷有死後世界的存在。

重返人間後的改變

「復活」的人的共通點是，不再害怕死亡。他們深信死亡不單不恐怖，死後還有一個美好的世界等待着他們。重回人間，他們會更關注靈性問題，思考人生意義，甚至要學習他們曾體會到的無條件的愛，致力關懷及幫助他人。其中一些人發現不需用言語便能直接了解到別人的想法或感受。他們會珍惜此生，盡力學習。

科學所不能解釋的

就現今的科學知識來說，有些現象是未能解釋的，如脫體經驗：瀕死者在「死去」後所得到的資訊，無論是影像或聲音，許多都在事後得到驗證，但這些信息是不可能以他當時的感官獲得的（例如受視角或距離的局限）。科學亦無法說明復活者回來後的改變：假設在訓練太空人的離心機器經歷一轉，便能改造實驗者的性情以至人生觀，那麼大概可以利用類似的裝置令積犯改過遷善了。

她往那邊走了一轉——一個 NDE 的真實個案

她叫 Anita（艾妮塔），印度裔，在香港長大。家裏都信奉印度教，年幼時上的小學是基督教的，之後轉了國際學校。她總感到與其他同學格格不入，她的宗教，她的膚色，在其他人眼中都成了異類。

中學畢業後，她想當一名攝影師，到世界各地拍攝，但遭父親反對。父親要她依印度傳統習俗去做一名年青女子要做的事——結婚生子，並替她安排數次的相親，卻都不成功。最後她答應嫁給一名只見了數次面的男子。但愈接近婚期愈惶恐不安，內心非常掙扎：難道我的一生就要過被安排的生活嗎？終於她在婚禮前一天逃婚了。當然這舉動導致家人蒙羞，及印度圈子的人的竊竊私語和指責。她感到內疚與自責，彷彿她又一次犯錯了。

若干年後，Anita 在一次機緣中遇到她後來的丈夫，二人志趣相同，都崇尚自由、不受羈絆。婚後不久，Anita 的密友與丈夫的姊夫都在相若的時間罹患癌症。她一直陪伴她的密友，看着她逐漸形銷骨立，失去生命力，最後藥石無效，年青而亡。丈夫的姊夫也遭遇同樣厄運。這兩名近親好友的死亡令她非常恐懼，害怕步其後塵。

命運之神不會因害怕而改變，沒多久，Anita 確診患上淋巴癌。因為經歷了好友之死，她堅持不接受西方醫學正統治療，轉尋各種另類療法，亦曾回印度家鄉，接受一種特殊的治療，果然奏效，但當她返回香港，卻受到親友質疑這種神秘療法的效用，令她動搖了。最後，病情每況愈下，日趨嚴重。她全身大大小小的腫瘤有十多個，最大的像檸檬一樣，有些還爆裂開；她瘦得不似人形，皮膚像有密密麻麻的螞蟻爬行而痕癢非常。最後她不能躺着睡，否則有被肺內的液體嗆着而窒息的危險。最後她呼吸困難，陷入昏迷狀態，家人才不得不把她送進醫院。

送到醫院，醫生都覺得來得太晚了，已進入器官衰竭階段，沒有甚麼可以做的，Anita 的生命只剩最後幾小時。那天是二〇〇六年二月二日。Anita 雖然陷入深度昏迷狀態，但她的意識卻非常敏銳，她「聽」到醫生們的討論（在房外的走廊），「看」到她哥哥從印度登上飛機趕回來看她，她還「見」到她十年前已逝世的父親。她不是用五官去感覺的，而是用意識。Anita 意識到自己遠離了肉體，不斷向外擴散，同時她逐漸放下了對在世親人的依戀。當她繼續放下時，感到被一種無條件的愛包圍着——她忽然茅塞頓開，明白到自己為甚麼有癌病，她意識到一直以來都是活在別人的世界中，尋求別人的認可，甚至為了取悅別人而遏制自己的才華和創造力，對自己非常苛刻。

Anita 此時被大海般的無條件的愛與接納擁抱着，她醒悟到自己是宇宙裏一個美麗的生命，毋須努力做些甚麼令自己變得可愛，僅僅存在本身便已配得上這種神聖的無條件的愛。她忽然驚覺不是神在給予這愛，神就是愛。既然愛是無條件的，所以只要她做回自己，便可得到這份愛，事實是她一直被愛着而不覺察。做回自己就是做回未經世間價值扭曲的原來的自己，那正是無條件的愛。Anita 意識到她與其他人的關係就像一根絲線在一幅織錦上，但不是被決定的，而是有各種選擇擺在她面前，她選了某一方向，便連帶改變了周遭的物事，而這張織錦有部份是未完成的，有待她繼續參與。其中一個使命就是將她證悟的真理與世人分享，於是她決定重返人間。

昏迷三十多個小時後，Anita 甦醒了，醫生替她進行檢查，竟然找不到有癌症症狀的淋巴結，那些腫瘤爆裂的傷口，也自然癒合了。她的臨床醫療記錄仍留在香港的醫院內。

當 Anita 恢復體力後，她寫了一本書，名為 *Dying to be Me*，中文譯作《死過一次才學會愛》，明顯地「to be me」與「學會愛」意思是相同的，因為每個人本身就是愛。她亦常到世界各地巡迴演說，分享她的 NDE 經歷。

Anita 全名是 Anita Moorjani。[1]

1 參閱艾妮塔·穆札尼（Anita Moorjani）著、隋芃譯：《死過一次才學會愛：原來，此生即是天堂》，台北：橡實文化，二〇一三年。

第四章

生死之間

誰在活？

有一本書叫 *Who Dies*（死者是誰？）。[2] 光是書名，已發人深省。那現在面對死亡，步向死亡，瀕臨死亡，或者已然死去的，是誰？墓碑上鐫刻着的名字、生卒年月代表的，是誰？墓誌銘侃侃而述，頌揚一生的那個死者，又是誰？逝去的只是一個名字嗎？一個擁有豐功偉績的人，與一個無名小卒之間，從死亡的角度看，有甚麼分別？我們是以一個人的生，去界定他們的死？還是以他們的死，總結其一生？

無論怎樣，假若某人在生時飄忽浮游，面目模糊，愛憎不明，一生也許不曾留下甚麼；就算他身居要位，聲名顯赫，代表他的亦只是生前的地位與

2　Stephen Levine & Ondrea Levine: *Who Dies?: An Investigation of Conscious Living and Conscious Dying*, NY: Anchor, 1989.

「我是誰？」

名聲而已。人都有一死，死者是誰變得不大重要，彷彿死亡把人的獨特面貌輾平了；但是生者是誰，起碼對一個人自己來說，應是他的全部。

你是誰？

你是誰？當然，我們可以用最科學的方式回答這問題——你的DNA、指紋、聲紋都是你身份的證明，也是每個人獨一無二的存在的證據。事實上，我們不需要抽取任何生物樣本，也不需要去實驗室，才懂得回答。

這個問題，以及它的變奏，自你牙牙學語開始，已被詢問了無數次。直接的如：你叫甚麼名字？在哪兒上學？家住哪裏？爸媽叫甚麼？有多少兄弟姊妹？間接的如：最喜歡甚麼運動？聽甚麼歌？閒時最愛做些甚麼？還有，你有甚麼技能呢？懂彈琴嗎？通曉哪國語言？在比賽中拿過甚麼獎項？諸如此類，都是環繞着「你是誰？」這問題，而你總是在各類日常生活的場景中被問及。

這些問題堆疊起來，構築成一個一個的框框，而這些問題的答案，填在框框內，就能砌出一個與別不同的積木，這積木所代表的，就是「你」。然後這個「你」又繼續被「有多少張信用卡？」「年薪多少？」等問題的答案裝飾起來，進一步構成你的身份、角色、地位。

此外，你的價值觀、政見、信仰，以至於對事情的情緒反應，也加入鑄造獨一無二的「你」的行列。當然，你的歷史，你的故事，你的愛情，更使得世間上沒可能有第二個「你」。因此，你的獨特性，又怎會單單表現在遺傳基因上？

你如此獨特，然而，在眾人眼中的你，果真是你嗎？那些堆砌出來的積木，就充份代表了你？試想想，假若拿走了某一塊積木，例如你沒有經歷某些際遇，你還是之前的你嗎？又可能突然有一刻，當你失去一些極重要的

「部份」時，你會驟然如遭電殛，驚呼「我是誰？」那時你要尋回的，再不是角色、身份、反應、思想所界定的「自己」。但，除了這些生物特徵、身份認同、思想載體外，還剩下甚麼？

我是誰？——死亡是絕路還是出路？

對於「我是誰」這問題，古今中外很多宗教家、哲人、修道者都曾鍥而不捨地尋求答案。他們不甘於把自己僅僅看成是在偶然物質條件下碰撞而生成的生物體，也不甘於把自己單單看成是社會網絡中的「關係人」，甚至不甘於把自己看成是心理及思想情緒的反應或結集，因為這些都是受外在環境因素影響及塑造的，雖構成獨特性，卻無自主性可言。沒有自主性，又如何面對生命上的種種崎嶇？更遑論面對死亡的來臨。

我是誰？人的存在有很多層面，他（或她）是物理的存在（在這個脈絡

看清生命的本質後，我們還愛真正的自己嗎？

中是它），是生物的存在，是感性的存在，也是思考的存在。

作為物理的存在，它必定受因果關係與物理定律所制約，例如在地球上會受地心吸力、牛頓三大定律等決定。作為生物體的存在，他的生理結構及現象都為生物學的理論所説明，他會有生、老、病、死，並且有趨吉避凶的本能。作為感性的存在，他會有各種情緒及感受，有喜、怒、哀、樂，也有喜歡不喜歡，有恐懼、羞恥、期盼；他不單害怕死亡，還會對他人的死亡傷心、不捨，由於不希望經歷失去、分離、痛苦。

生而為人，一定會死，這是一個不爭的事實。正如上面所説，對於死亡，他會抗拒、恐懼，而這亦終不能避免。他還懂得思考、分析，更確定人類無法逃離死亡的事實及其所引發的情緒。至此，死亡的恐怖、絕望，乃至其他負面的想像，都是必然的。就這些層面而言，人面對死亡，是沒有出路的。

幸而人類尚有另一層面的存在，就是靈性的存在。這個存在好像很虛無縹緲，不是眼看得見，耳聽得到，或者觸摸可及的實在，但正因如此，他不會受現實所困，他可以構想一個死後的世界，其完美處是世間完美的典範（如天堂）；也可以構想一個可怖的陰間或地獄，比世間最惡劣的情況還要不堪；他也可以設想人死後會重回這人間，以一個全新的生命形式再經歷一次人生，或學習前一段生命期所未完成的課題。此外，他還可以體會死後會與宇宙融合，打破人間的種種間隔，而感受無限：無限的愛、憐憫與慈悲，無限的智慧，無終無始的永存。

各種宗教嘗試讓人意識到自己是一個靈性的存在，這層面的存在的不實在性、不可經驗性，並不表示它是幻想出來或不真實。宗教上有無數門徑，讓人真切體悟到自己是靈性的存在，而這種體悟，可以稱為覺醒（awareness）。在覺醒中，不僅可超越肉身經驗的局限，意識到之前提到的

歲月在人身上留下的僅是面容的痕跡，還是內在的蛻變？

無限的境界，更重要的是，這境界並非只存在於死後，而是在生活中的每一刻都有機會展現在我們面前。

靈性的我與覺醒

靈性的存在並不局限於宗教範圍，在現實生活中隨時可見。我們每天作出無數的選擇：咖啡或茶，乘巴士還是火車，飯後散步還是在家看電視……有時隨意，有時煞有介事地衡量一番。但這些選擇大多是根據現有條件及預期的後果而作出的；某些較重要的選擇，更涉及成本與效益的計算。

然而，有些人的選擇，完全無法以「後果」、「效益」去解釋，例如我們如何去理解史懷哲醫生到非洲治病，德蘭修女在印度加爾各答的貧民窟中幫助垂死病人，以及清朝嘉義官員吳鳳用自己的生命破除殺害無辜者的迷信呢？他們在做出這些決定時，不以個人利益為依歸，知其不可而為之，後果全無保證，更遑論預期效益了。

我們只能想像，在他們心中，有一種價值，遠超於即時的感官滿足，或長遠的經濟利益，甚至不是為了滿足如安全感、榮譽感、被認同感等心理需求。所以這種價值並不是源自於作為物理存在、生物存在或感性存在的個體，而是源自作為靈性存在的自我；是個體的靈性為自己訂定、渴望與追求實現這種價值的。

史懷哲醫生（Albert Schweitzer, 1875-1965）

生於德國阿爾薩斯一個牧師家庭。通曉德語、法語，擁有神學、音樂、哲學、醫學四個博士學位。三十八歲時往非洲行醫長達三十五年，並協助籌建醫院。榮獲一九五三年的諾貝爾和平獎。

德蘭修女（Mother Teresa, 1910-1997）

有「加爾各答的德蘭修女」（Sancta Teresia de Calcutta）之稱。生於南斯拉夫一個阿爾巴尼亞裔天主教家庭。一九二九年，前往印度加爾各答出任中學校長。一九五〇年，創辦仁愛傳教女修會（Missionaries of Charity（Sisters）），長期援助貧困無依者，不分階級、國籍、種族、宗教或地域。在貧民窟設立孤兒院、收容所、麻瘋病人診所，吸毒者及酗酒人士復康所等。因其善行而獲頒無數國際獎項，包括史懷哲國際獎以及一九七九年諾貝爾和平獎。

吳鳳（1699-1769）

字元輝，清朝福建省漳州府平和縣人，官拜嘉義通事。清朝文獻載吳鳳「犧牲自己以革除原住民出草習俗」，「出草」是當地原住民擒活人殺之以祭神的習俗。吳鳳「殺身成仁、捨生取義」的故事，在台灣曾長期作為小學課本教材而廣為傳頌，後經史學家考證指不符史實，一九八九年從課文中刪除。

當然，並非每個人都是德蘭修女，但只要你欣賞、讚嘆、企慕他們的所作所為，你便有這理想與價值的向度，可以超越利害的考慮。當我們一旦窺見這向度的可能性，機會到來時，便會開發屬於個人的理想，樹立自己的價值。

在靈性層面，不單盛載着理想和價值，還有信念和意義。「人生而平等」、「人應該互相尊重」、「人有選擇的自由」等，都不能以科學驗證，只看我們是否贊同而已。這些都屬於信念的範圍，而信念，可以以行動落實，影響世界。

至於「人的生命有甚麼意義？」「有沒有終極的目的？」「我們根據甚麼去釐訂意義？」等問題，也不是經驗科學可提供解答的。但既然我們是靈性的存在，便有能力去提出這方面的問題，並追尋答案。

所以奠定人生基石的，是理想、價值、信念、目的、意義，個體在此基石上規劃人生，建構生活，成就各自的生命意義，這些是自我的核心，非偶然因素所能決定，也就是說：周遭環境、成長背景、社會網絡，縱有其影響力，但決定我之為我的，並不是這些因素與條件。我是誰？當你有所覺醒，展現自己的理想、價值和意義，便可將你作為靈性的存在充份發揮，你的獨特性與自主性便得以彰顯出來。

靈性我的覺醒

假使我們沒有覺醒到可以為自己建構理想、創立價值，而認為我們的存在僅是被拋擲到這世界——毫無選擇地生長於某個家庭，受環境、教育、媒體所塑造，最終還被命運播弄，那麼，我們只是將自己認同為一物；例如：一塊石頭，在河岸邊被水流沖刷得圓亮，或在荒漠中風化龜裂成碎石；或者我們乃一株細葉榕，被栽在公園內供人乘涼，但某天社區重建被砍伐移走；

又或者，是林中被欺凌的瘦弱猴子，或是在海洋公園裏表演的海豹……諸如此類。但無論是甚麼，有生命的，沒有生命的，會動的，或即使是有技能的，都得聽命於其他力量的安排。

若果真是石頭或樹木還好，因它們不會不甘心，因而也不會抱怨，日復一日地過，亦沒有希望可言。但人不是這樣，他有欲望，有渴求，有企盼，有夢想，他會嚮往過某種生活，會希望設計、打造自己的人生。人生的目標，不只是安逸舒適的生活，滿足生理心理的需求（否則與猴子、海豹有甚麼分別？），他要實現我之為我的自主性與自決性，這也是靈性自我的必要性。

無論是從認同價值因而反觀自己是靈性的存在，還是從意識自己是靈性的存在然後追尋價值，這兩個方向都是覺醒。

靈性自我有時會受到重重綑縛，生活環境會使生命體淪為麻木的石頭或隨風飄散的種子，可是，就在這看不到希望的漆黑境況中，靈性自我仍會猝然冒出，發出「不能再這樣下去！」的內心吶喊，喚醒了沉睡中的真正自我，這就是覺醒。生命中的黎明，終於來到。

覺醒也不一定是被動的等待自我的甦醒，我們也可以主動地從日常生活的大小事情上感悟自己在其中的自決性。你可以屈服於世間際遇而覺得無奈與無力，也可揭竿而起，感受強大的內在力量。記着：價值、取捨、意義，不由結果或效益而決定，而是人作為靈性存在的不能壓抑的體現。

價值無價

人們勞心勞力工作，會要求得到報酬；投資，也會期望回報。但有些工作的性質，除了物質方面的報償外，還令人有滿足感，例如藝術家的創作。有些藝術家甚至完全將回報置諸創作之外，而這種「不求結果」的心態，絕對無損於該藝術活動與藝術品的價值。有人還說，不考慮市場價值的創作，更純粹，更符合藝術本質。姑勿論贊同與否，有一種價值，並不根據市場價值或大眾口味來釐訂，這是毋庸置疑的。但這種觀點有時會受到質疑：「這很主觀啊！」沒錯，就是這種「主觀性」，構成價值的本質。當然，主觀客觀的問題，會有紛紜的見解，甚至引起爭論。但既然這是個人對實現自我價值的追求，則無論旁人將此定義為主觀抑或客觀，亦無關宏旨。

所以，讓我們暫且擱置主、客觀的哲學問題，以及「主觀」會引申甚麼問題的討論。在這裏只想指出，價值的創立者、賦予者、認同者和實踐者，是價值之為價值的核心組成部份。人，只有作為靈性的存在，不受經驗的局限，才可擔當以上的身份，創立及成就價值。

藝術是其中一種作為靈性存在的個體發揮其靈性特質的產物，每個人都有潛能去發揮他的靈性，但若要發揮得淋漓盡致，必須預設自由的空間，尤其是自由的心靈空間，要排除那些妨礙靈性展現的利害計較，風險衡量，他人的目光等；而這一切都需要「覺醒」：覺察到自己是自由的，自決的，以及具有無限的創造性，更覺察到它們本來已在我們的心靈內，從來都在！當我們重新覺察到它們，我們才可以說真正有希望。

我們是自由的，擁有希望，可以建立理想，確立價值，這就是生命的意義所在。

自我的聯繫

我們必須要與自己聯繫！

當我們對身體某部份失去知覺，打它刺它都毫無感覺，沒有反應，你會懷疑，那部份仍然屬於自己的身體嗎？當我們在極度驚恐、悲傷或絕望中，我們會把自己封鎖起來，進入凍結狀態，對外界的刺激、關懷、安慰完全麻木，這時候，我們就會與自己的感情失去聯繫。我們不知道需要甚麼，想得到甚麼，甚至會有自相矛盾（自我在內心上互相衝突）的傾向，例如一會兒想獲得別人的關注與認同，一會兒又拒人於千里，連自己都不明白自己是一個怎樣的人。

如果我們能夠給予受傷的肢體適當的治療，隨着它的復元，便會慢慢感覺到先前患處的痛楚與不適，雖然難受，至少我們能真切地感受到它的存在。此刻我們覺識到完整的身體，而每部份都是有機的組合。同樣，假如我們的創傷得到療癒，我們就會重拾悲傷、喜樂、憤怒等情感，我們會流淚，會感到痛心，也能因釋放情緒而感到輕鬆。我們覺醒到與情緒的聯繫，不再把自己隔絕於對人對事的感受。

覺醒若有機會進一步發揮其內在力量，便可讓我們聯繫起我們最自由，最能自決的部份：靈性的存在。這個時候，我們會體會到理想、價值、信念，都由我們主宰，我們更覺醒到有不可能推卸的責任——讓覺醒持續下去，不斷擴闊、加深。人在覺醒中，才是完整的，才是真正的活着，也才有希望趨向圓滿。

摘下面具之後，就可以
主宰自己的人生嗎？

如何好活？

重新認識自己

再回到「我是誰」的問題。現在我們明白到我們既不只是環境的產物，也不是活在別人眼中的自己，亦不應受制於先天或後天的個性與傾向；當我們覺醒到自主與自決的自己——那靈性自我，是我之為我的核心，由此創立專屬自己的理想與價值，但卻不應守着這個核心而自足。

靈性自我有一種力量，一旦覺醒，會驅使我們的靈性向深度延伸，和向廣度擴充。我們會醒覺自己是世界整體的一部份，我們不僅「生存」在這個混亂、爭鬥、充滿仇恨與貪婪的世界上，自己也是組成這個世界的部份。我們的覺醒愈向廣度擴充，愈體會到自己有份參與仇恨、對立、貪婪，因此並不是逃離世間，躲進深山，就能保持自己的清白與高尚。

我們不想介入殘殺與爭鬥，不想受到環境的影響，渴望一層一層的剝落受污染的外衣，以為內裏就藏着那個真純的自我。但像洋葱一樣，剝盡了就沒有了。那些「外衣」正是自我不可割裂的一部份。每一層外衣，都結合了物理的、生物的、感性的自我，最重要的是，也結合了靈性的自我。靈性自我不是異質的另一層（對不起，假如一直誤導了你），而是覺醒的力量，這力量貫注到那一面，那一面便「靈性化」了，例如物理自我靈性化了便成為與心靈共舞的量子。轉化不是揚棄，而是超越，是包含所有面向的超越。

我們用覺醒的心重新認識自己，承認自己有物理上的限制，有生物的趨吉避凶的本能，有原始的欲望，有殘暴、好強的傾向，會嫉妒、貪婪，也因而恐懼未知的將來以及死亡。但我們不應企圖壓抑及消滅它們，不用視它們為敵人，掀起內在的爭鬥，繼而生起恐懼、焦慮、痛苦與絕望；我們應做的，是提升靈性的力量，令覺醒不斷向深度與廣度擴充，把一切對立都納入你的覺醒之下，漸漸地，基於外界準則而來的羞愧、自責、恐懼便會消失，你會活出真正的自己，也能夠真正愛自己。

生命的課題

每個人都有自己的生命課題，而且在每個人生階段要學習的不盡相同。

生命課題就是我們生命所欠缺而未學懂的東西／事情。其中一些或許自小便在家中或學校得到教導或訓練，例如「尊重別人」，我們會透過「對人有禮貌」與「守規矩」中學到，也會在與人相處或工作中「聽取別人意見」，或「容許他人擁有與自己不同的觀點」而踐行。這些課題很多時都涉及做人與處世的態度，直接在我們的生活中產生影響；有時是受了點教訓後，就覺得「不得不學」。但假若我們只是因為懼怕某些後果而去學習，那學到的只會流於表面、工具化，達不到預期目的。生命的課題不是為了逃避個別後果而去修習的。

不同的自我在跟他人或外在環境接觸時會產生一些不由自主的反應，包括恐懼、憤怒、愧疚、不甘心等等。例如生物自我會害怕外來的威脅，感性自我對於別人加諸我們身上的傷害感到生氣，價值自我對自己沒能盡的責任感到內疚。這些反應都有保護我們、提醒我們的作用，甚至指引我們將來如何做得更好。然而假若恐懼、憤怒、愧疚等情緒阻礙我們健康成長的話，那麼便要好好關注，將它們視為我們的生命課題。

舉例來說，到了陌生地方自然會生起警戒反應，這幫助我們防範危險；但如果某人在熟悉的地方，身邊有可信的人陪伴及保護，仍感到極度焦慮緊張，那麼他可能非常缺乏安全感。這種情況會造成強烈的情緒波動，甚至限制他的活動範圍，因此安全感問題便可能是其中一個他要學習的生命課題了。

一個人的生命課題，要由自己發掘、選擇及投入。在《用心去活：生命的十五堂必修課》（*Life Lessons: Two Experts on Death and Dying Teach Us About the Mysteries of Life and Living*）一書內〔作者之一是死亡學大師伊莉莎白・庫伯勒—羅斯（Elisabeth Kübler-Ross）〕，列出了十多項人生的功課：真誠、愛、關係、失落、力量、愧疚、時間、恐懼、憤怒、遊戲、耐心、屈服、寬恕、快樂。這只是針對大多數人所遭遇的困難而言。對我們個人來說，尋找自己的生命課題，應該就是第一個課題吧。[3]

做自己

偶爾有人要我們「做回自己」，彷彿我們的言行舉止，已偏離我之為

3 參閱伊莉莎白・庫伯勒—羅斯、大衛・凱思樂合著、張美惠譯：《用心去活：生命的十五堂必修課》，台北：張老師文化，二〇一七年。

我：或許是只顧表面形象，而討好大眾；也或許為了不與社會對立，而奉行社會流行價值。這都表示自我迷失了，所以要做回自己。

沒錯，太多外在的聲音：「應該」做這，「應該」做那，甚至「應該」做回自己，的確令人無所適從，尤其若自小已受訓練須乖乖服從權威——家長、老師、專業人士、宗教領袖——而不慣於作出獨立分析判斷的人，有時會變得沒有主見，人云亦云。但要真正的做回自己，又談何容易，除了要重新培養思考能力外，還要有質疑權威的勇氣，以及堅持真理的精神。

而更重要的是，我們要做回哪一個自己？例如，有人面對至愛美食，可能會說：「雖然醫生囑咐我要戒吃引致高膽固醇的食物，但我要尊重自己的欲望，此刻的我很想吃眼前這份美食，我不單要做回自己，還要活在當下！」當然，生物我、感性我、價值我都是自我的一部份，不同層面的自我都各有需要，也不能說某個層面的自我必須聽命於另一個，亦沒有一個至高無上的自我作主導。那麼，我們要做回哪一個自我？

每一個層面的自我都有它的貢獻。我們需要生物自我保護自己，尤其在危急關頭，例如在發生交通意外的瞬間，生物的本能便會指揮我們作出即時反應，使我們脱離危險。在要求獲得回報的活動中，我們又需要理性我運用推理、計算及有關知識。我們也希望得到他人認同、肯定、鼓勵，使我們更有信心及動力追求我們的目標；我們也靠着自己建立的形象與他人建立關係，在社會上為自己定位，繼而得到人際網絡帶來的安全感。每個自我的面向不分高下。生物本能本來是動物最強的行動力，例如維護生命，但有時為了另一層的需要，人們可放棄生命。人，有時又可為了感情上的滿足，做些違反效益的行為；有時也會為了某個信念，而不惜與社會大多數人決裂。

在看似「無政府狀態」的相互關係中，各個自我都為不同的價值效力，而正如前面所説，價值的根源來自靈性我，因此如何衡量價值間的衝突，必須由靈性我發揮其作用，亦即以覺醒的狀態去選擇並賦予意義。例如當你認為目前的處境需要生物我去指揮時，那便表示這個選擇具備某種意義，靈性我是意義的決定者，它必須為此選擇提供意義，這個意義便是選擇的理由。因此，是否應該吃危害健康的食物，視乎這樣做有甚麼意義。可能在某個意義下，這是應該的；也可能在另一個意義下，這又顯得無道理（doesn't make sense）。

BE

「做自己」，英文的說法是「be yourself」，其中這個「be」字很有深意。「Be」是存在的意思。存在有很多樣態。英語中叫人放下執着，會說："Let it be." 即是「如其所如」地接受；顯淺地說，是以其本來面目去接受：包括你的父母、伴侶、子女，尤其重要的是對自己，本來如何便如何，不要企圖以自己或社會的價值標準而勉強改造，導致扭曲。人際間最大的衝突就是來自互相要求對方改變；個人最大的痛苦與糾結也在於強迫自己「洗心革面」，不接納真正的自己，而依從某種內在權威，這樣只會引起自我中的爭鬥，戰火不熄。

這聽起來很違常識，人們會聯想起「頹廢」、「耽於逸樂」、「自我縱容」、「不求進步」……等。然而，假若我們發揮靈性的覺醒能力，上述的情況便不會出現：因為那時覺醒中的「如其所如」，再不是只順從生物或感性自我的傾向，反而是「有意義的頹廢」，例子是魏晉時期的竹林七賢，無論你同意他們的生活方式與否，他們是經過思考，順從內心的嚮往價值而選擇那樣活，自有他們的理由，而且是毋須他人認同的理由。

這種對待他人與自我的態度是很道家式的。道家的智慧在於順任自然，但順任不等同於放任，關鍵正正在於覺醒。覺醒到各層面的欲望及需要，對自由的渴望，也覺醒到自己成長中的束縛與創傷，一直以來背負的重擔，現階段的限制，覺醒的程度；承認一切，接受一切，不在各種戕害生命的外力當中再火上加油。解脱綑縛的生命便會自然地、全然地得到自由。

"Be yourself!" 生命的價值不在於你做甚麼（to do），真正的活着（to live）就已是生命的價值。

竹林七賢

魏末晉初的七個文人：山濤、阮籍、嵇康、向秀、劉伶、阮咸和王戎。他們崇尚老莊之學，縱情清談，輕視禮法，規避塵俗，飲酒嘯歌，放浪形骸。他們彼此交好，常同作竹林之遊，被稱為「竹林七賢」。

在愛中相連

死亡學大師庫伯勒─羅斯曾對「在」加上點睛的解釋，她說：「『在』就是讓每件事在愛中，在生命中……」（"Being there is everything in love, in life..."）。依她的意思，一個人的存在不是像一塊石頭般的物質存在，他必須是在愛中及生命中，才是真正的存在。「Everything in love」可以解讀為「他愛萬事萬物」，更可解讀為「萬事萬物都充滿愛」，然而怎樣才能令萬事萬物充滿愛呢？

或者我們先由一個人的愛說起。有人說：「愛的反面不是恨，而是漠視（indifferent）。」當你憎恨一個人，表示你跟那人之間仍有某種情感上的糾纏，但假若那人之於你已毫無聯繫，他的所作所為，都不會觸動到你絲毫的情緒，那就是一種割離與捨棄。這是從反面談愛。

若從正面說，就是如前文談到的聯繫。「自我的聯繫」那節呼籲：「我們必須與自己聯繫」，否則不單意識不到自己的存在，更遑論體會到生命的價值與意義。在這裏可以進一步補充：「只有在愛中，才能達成聯繫。」亦即是說，愛使聯繫變得可能。只有當人懂得去愛這個生物我，給它足夠的營養，滿足身體的需要；並且愛感性自我，使它自如地表達自己，發揮感性的力量，去欣賞及創造美好的事物；再者，如果也能愛思考的自我，價值自我，那麼「我」才能在愛中成就為一整體，各種自我亦不會彼此對敵或遭到忽視。在以愛織出的網絡中，整全的我才真正存在，沒有任何部份被忽略而死去，那便是活在愛中，活在生命中。愛可說是靈性我向深度擴充的動力。

同樣，愛亦推動靈性我向廣度擴充，使我們意識到我之外萬事萬物的存在，而它們的存在是與自己息息相關的，不是 indifferent 的，這樣萬事萬物便是活在我的愛中。在我的愛中，萬事萬物都以愛相連，因而萬事萬物不單盛載着我的愛，它們同時充滿來自其他人、事、物的愛，這就是讓萬事萬物充滿愛的意思，也是「Be」的真實意思。

完美與完整

在完美的世界，容不下任何負面的東西。就像天堂一樣，不會有貧困、悲傷、爭鬥，也沒有一個人會有不良的性格或傾向，如嫉妒、貪婪、逞強、好勇鬥狠、自卑、刻薄、多疑、計較等。所以要達到完美，便要設法排除所有破壞完美的瑕疵、污點等內外因素。追求完美的人也意識到困難重重，但對他們來說，困難障礙不成問題，反而愈難愈顯出完美的珍貴，他們願意畢生努力追求實現。

然而完美的世界似乎專屬於天堂，在人間要實現完美，撇開是否可能的問題，另一值得注意的是，人們必須付出沉重的代價，那就是他們要竭盡所能排除上述的負面東西。舉一個簡單的例子：他們不容許自己失敗。無論在學業上、事業上、愛情上，甚至只是一場遊戲，就算不涉及競技成份，他們都不能失敗、不願失敗；假若失敗了，他們便會沮喪、憤怒、自責或者埋怨他人，甚至承受不了打擊而放棄再嘗試，最後與當初追求完美的理念背道而馳，適得其反。

有些人不能容忍他人性格上的不完美：例如貪心。每當見到別人的貪心行為，便生出厭惡或憤怒的情緒，甚至覺得四處都充斥着人們的貪婪。這激烈的反應或許來自對自己的內在貪念的嫌棄，繼而千方百計將之克服、壓抑、杜絕，殊不知他自以為已經將個人貪欲去除之日，正正就是將它們外化之時。不承認自己擁有這部份，亦即否認自己生物我的需求，極端的話或許演變成禁慾主義，譴責及否定這肉身。他的生命會因此萎縮，感性與精神部份亦因得不到滋養而出現偏差。

這說明了如果我們將完美界定為「沒有負面的東西」，以某些標準嚴分正、負，那麼所謂「完美」其實是否定了生命的完整。完整是無所不包的（all-inclusive），連不完整也包括在內，也即是其中沒有對立的狀態。當我們如其所如地接受自己，讓每一面的自我在靈性的覺醒下各展其特質，將利益放在超時間的場域內，不斷向深度與廣度擴充覺醒，尊重自己及他人的現實存在，以愛互相聯繫，我們便能邁向完整的境界。

如何面對生命之困苦

生命中充滿大大小小的困難、挫敗與不幸，有些是在預期之中的（如學習一種新的技能，過程中總會遇到困難），但更多是突然出現，沒有預警的。有些事過境遷後，在回顧中困難已變得微不足道，但有些卻留下深深的疤痕，改變了我們的生活軌跡。既然生命中的困苦必定出現，不可控制，我們唯有裝備自己，設法在它們來臨時能夠較輕鬆地面對，希望它不至引起一波一波的痛苦（痛苦是必然的）。那我們該當怎樣裝備自己呢？

在痛苦中——

無論痛苦有多大，盡量不要讓它佔據我們整個生命，除了感受痛苦外，要抽身感受那個在受苦中的「我」，用充滿關懷與愛心的雙臂將他擁入懷內，用溫柔與悲憫的眼光注視着他，輕撫他的頭髮，向他說：「你受苦了！」使他重新感到安穩，覺得自己的痛苦得到了解，不再覺得孤單。當他開始將憤怒投向他人或自責的時候，便帶他到郊外去，在大自然中感受天地的遼闊；在他悲傷湧現時，與他一起，圍抱老年大樹，想像雙腳如樹根深植大地……

在苦難未出現前——

在日常生活中，盡量享受周遭美好的事物，磨利我們的眼，敏感於細微的美麗與良善。對待這些美好的事物如撿拾回來的貝殼般，用一個袋儲存起來。多創造你的所愛，有形的或無形的，如你所愛的運動、音樂、美食、辯論、小說、手工藝、舞蹈、電影……它們會構成一塊支持你的巨大磐石，容許你在上面哭泣、頓足、呼喊……

在苦難後——

當事情告一段落，你重新站起來，試試腳踏實地的感覺，感受那來自大地的支持力量；輕撫受傷的部份，給它時間與空間，讓它慢慢復元。經歷了苦難，可能你不再是原初的你，但你深信，你比之前多了一份可貴的經歷；接下來要做的，就是消化與轉化，使這份經歷成為未來的你的養份。

為甚麼要活在當下？

「活在當下」已成為流行的口號，彷彿已變成大眾生活目標的一部份。有人修正為「活好當下」，特別凸顯出充份掌握當下機遇，活得出色。但是，回歸第一步，有人會問：為甚麼要活在當下？答案很簡單，因為當下才是真實的。過去的事情，只存於我們的記憶中，未來的，此刻只在我們的推算或想像中，都不是真實的。雖然過去發生的，會影響現在將來，但已經無法改變，如果說前車可鑑，要從過去的事情中汲取教訓，避免重蹈覆轍，這些努力也是在當下去做的。

通常規勸人們不要活在過去，即是說不要停留在過去事情所帶來的情緒上，如追悔、憤怒、恐懼等，事實是根本無法活在過去的。

我們要有計劃，現代社會更講求有前瞻性，對未來有願景。這沒有錯，但這也是在當下才能做的，沉醉於對未來的構想，而罔顧以當下作為起步點，忘記「千里之行，始於足下」，無從開始，那麼計劃只是空想。這些道理大家都明白。然而，活在當下並不是作為達致或通往成功的策略，否則目標仍在將來。

「活在當下」的重點是提高覺察力，將覺醒貫徹於生物我、感性我、價值我……之中。訓練此種能力可以從專注於呼吸、步行、飲食等活動開始，也可練習專注於自己的感觸、悲痛、喜悅的情緒中，如其所如地觀察及接受，這時你才是最真實的存在。

雖然那是練習專注，但並不代表必須專「一」。咀嚼一粒提子乾，不只是一個嘴部的動作，而是牽涉到舌頭、口腔、牙齒、味蕾、嗅覺、觸覺，過程中可能生起新鮮感、不耐煩、無聊、感恩等情緒；其間或許也有思維活動，例如不期然想到明天的事，或憶起去年某情境。但只要這些全都在覺醒之下，就表示並沒有脫離當下，關鍵是這些動作、情緒、思維活動仍在你的覺醒中。這就是「活」的意思。活必須連着「當下」來說，不在當下便不是活着。

必須了解：「當下」不是一個時間觀念，而是覺醒得到呈現的場域，覺醒是在每個當下出現的；反過來說，有覺醒才有「當下」。我們要做的，是好好騰出空間讓覺醒出現，騰出的做法就是「專注」，如此而已。能在每一當下覺醒地活，便一定是好的了，毋須在此之外再去覓求一個好的活法。

如何好死？

一九七四年，一行禪師（Thich Nhat Hanh）與美國反越戰先鋒的耶穌會教士丹尼爾．貝里根（Daniel Berrigan）在巴黎近郊相聚了一段時間，其間定期聚會，深入探討有關靈性以及世間的問題，如：死亡、宗教、流亡、自焚、耶穌與佛陀等。

就當時反戰的自焚者的問題上，一行禪師指出，自焚者看來像那些用自己生命保衛國土及國人生命的戰士，但不同的是，自焚的僧人並沒有手持武器，心中也毫無仇恨。只有在這種純淨平靜的心靈狀態下，才能忍受肉身所受的刺骨痛楚。正如一行禪師所說，自焚的僧人完全主宰着自己的身心。據目睹的人憶述，一九六三年六月十一日，越南西貢有一位名叫釋廣德（Thich Quang Duc）的僧人自焚，自焚時端坐如山，直至死去；另外一位追隨一行禪師的年青女子一枝梅（Nhat Chi Mai）在一九六七年五月十六日於越南西貢自焚，自焚時則對着兩尊聖像，身體向前微傾膜拜，他們都是進入了極高的定境。

一行禪師深深體會到自焚者的心境：為了淨化人心，為了讓敵對雙方能夠放下仇恨，他們自願受苦。他們焚燒自己的身體，並非在自殘或戕害自己的生命；相反，為了眾生，他們願意分擔他人的痛苦，他們的死，其實是活在他人的生命裏。貝里根十分認同禪師的觀點，肯定他們為他人而獻上一己生命的情操。他說，就像耶穌之死，是祂自己的自由選擇，祂願意將生命贈予世人。「我認為耶穌之死，在一極深層的意義下，可以說是一種自焚。我的意思是，祂自覺地赴死，為了其他人而合理地、深思熟慮地選擇死亡。」貝里根還說：「很少人能夠那樣死，死得那樣好，那樣自覺，那樣清醒。大部份人都是在恐懼中、在沮喪中，不情願地、怖慄地死去。在如此湛深的喜悅與自我覺醒中死，是一件美妙的事。」

當然，這裏不是鼓吹自焚或被釘十字架。前述的例子是希望大家思考一個問題：當死亡來臨的時候，我們是否嚮往能夠自覺地、平靜地、自我主宰地，甚至充滿喜悅地迎接它？能夠這樣死，不是來自運氣，也不是來自個人與生俱來的能力，而只能是基於修為。貝里根聲言：「我認為，能夠死得好的人是能夠活〔得好〕的人。」貝里根的話傳達了一個清晰的信息：要怎樣死便要怎樣活，同理，有怎樣的生便有怎樣的死。這是死亡的意義與生命的意義之交匯點；生命的意義在死生之際格外顯明。

Living 與 Dying

「Living」的中文是「活着」，但「dying」是甚麼呢？似乎在中文沒有一個對應的叫法。一般人都（自以為）了解活着的意思，以為有呼吸心跳便是活着。上一章我們談過自我有很多面向，根據這個看法，問題便不是這麼簡單了。一個人可以生物我在「活着」，但感性部份卻「心如止水」，又有些人被形容為「行屍走肉」，都意味着單純物理及生物的存在不必然表示那人是活着。如上面說的，是活是死，關鍵在於是否覺醒，因此活和死不是兩極的概念。一個人可以 living 同時 dying，又或在某個時刻活着，在某個時刻在死，又或他可以是某程度的活，某程度的死。

正如「當下」不是一個時間上的觀念，活與死也不是恆常不變的狀態。每一個當下，如果在覺醒中，我們是真正活着的；但相對於當下的前一刻，只存在於我們的記憶中，那一刻已經死去，我們無法再活在那一刻，逝者如斯乎，每一刻都是這樣。

若堅持把「當下」放在時間上看，無論多短暫的時間，都同時包含了活與死，例如一分鐘內的第五秒到來時，第四秒已然死去，不能重來，無法

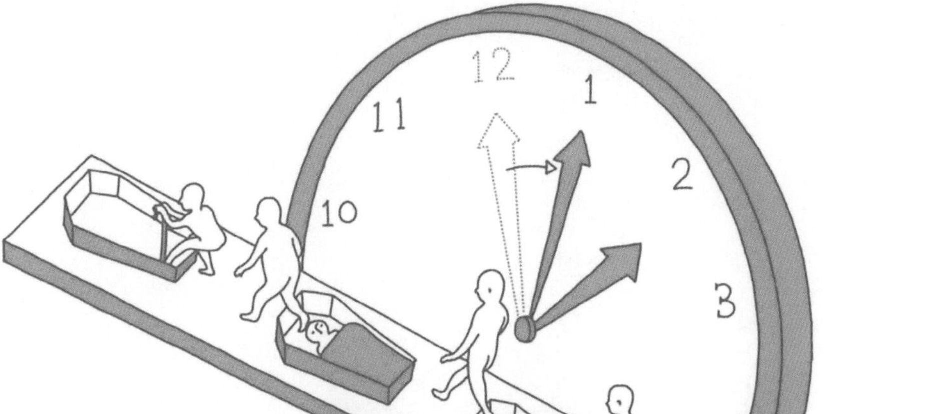

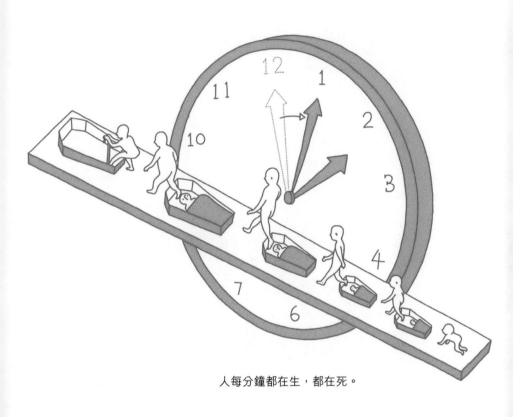

人每分鐘都在生，都在死。

第四章

生死之間

逆轉。但若以覺醒來定義生死，則只有覺醒的剎那是活的。這種生死觀念讓我們明白自有生以來，我們已經歷了難以量計的死與生，這有助我們放下執着，減低對死亡的恐懼。

如果要修習覺醒每個極短暫的存在，意識到每個當下（包括當下身體的知覺，情感的悲喜……），然後放手讓它離去，那麼可以從練習覺察時間開始，例如：不讓三分鐘無緣無故地溜走，再而兩分鐘……，那麼，縱使你的年壽只有三十年，也會比無知無覺的八十年活得長久很多。我們也可以從練習覺察呼吸開始：每吸一口氣是活，之後是死；每呼一口氣也是活，之後就是死，往復循環，這樣的練習會幫助我們在呼出最後一口氣時放手。

活在死亡中

在上文「在愛中相連」一節中引述到庫伯勒—羅斯的名句：「『在』就

是讓每件事在愛中，在生命中……」其中的省略號所省去的，是另一狀態，猜到是甚麼嗎？

謎底是：「在死中」（原文全句是 "Being there is everything in love, in life and in dying."）。這個本來令人費解的意思，經過在上節「Living 與 Dying」中對生死關係的說明後，應該比較容易掌握。當一個人在愛中聯繫了各方面的自我，他才是真正的存在，也才真正的富有生命的特質，能夠開放地迎接出現在生命中的事事物物，同時能夠覺察到生命中的死亡。這除了表示這個人每刻都在生、都在死這意思外，也表示這個人能夠體會生命中大大小小的失去：事業失敗，失戀，失去親人朋友……在在都顯示生命中不需要也無法剔走死亡，反而是死亡豐富了生命。

了解生死的相依關係（不僅僅是一般理解的「有生便有死」這生物現象）後，我們更能明白真正的存在是在死亡中存在。死亡教導我們沒有東西可以執着不放，也沒有東西可以永久不衰，所以會讓我們謙卑，讓我們誠實地面對實相，使我們真實地存在；由於能夠真實地存在，我們便逐漸不再懼怕失去，也不會為未知的將來（包括死後世界）而惶恐不安。在生命中，全情投入，時刻覺醒，勇敢地接受生命的挑戰，把死亡融入生命；在死亡中，享受每一回釋放、脫落的輕鬆，在沒有負擔下更能體會存在的喜悅。

生命何價？

前文提到在上世紀六、七十年代越戰時期，有人自焚反戰。事實上，以自焚控訴戰爭的，其中有僧人，亦有平民百姓；據貝里根憶述，有一個十五歲美國男孩在自己家中自焚。

這些自焚者選擇犧牲自己的生命，為的是表達訴求，渴望溝通，淨化人心。但因為看來有上述「目的」，招來了一些質疑，例如：「必須用這個方法嗎？」「有沒有其他選擇？」「生命不是無價嗎？用生命換取一些目標是否值得？」「留得青山在，哪怕沒柴燒，保存生命可以有更好的貢獻。」提出這些質疑者都有一個前設，或者是一種思維模式，就是將「目的—手段」的架構套進有關生命的思考當中，即是視生命為手段，來達到某些目的。

這種思維方式在商業社會尤為大眾慣用，其中引進了「效益」、「回報」、「效率」等概念。在這種思維模式下，付出生命作為代價似乎在大多情況下都是不划算、不可取的手段（當然在重視生命的文化中是如此，但在一個以人命如草芥或視個人只是群體機器內的螺絲的社會則作別論）。這樣看來，任何「犧牲」生命的行為都難以認同，除非是將人命量化來考慮，例如用一條命換來五條命之類，也許有人會讚嘆這是義勇犧牲，但同樣會引起非議。

姑且擱置這種批評效益主義的常見論辯，回頭看看自焚者的問題。關於生命價值的衡量，是不能用「目的—手段」這模式的，因為生命永遠不能看作手段，否則它的價值便有高下之分，也容許被取代。作一個類比，假若一個人發現鄰居住所起火，義無反顧地衝進火場救人，我們會稱他英勇，卻不會根據他是否救了人以確定他是不是值得稱讚。這是一個不以行為結果來作價值判斷的例子。相反地，假若視生命為手段，便自然會先看他是否成功救了人，這就以效益來量度其價值了。

那麼，生命不是為了達成某些生命以外的價值而有價值，它的價值又來自甚麼地方呢？之前說過，「我」有很多層面，每個層面的存在都有它的價值，沒有哪一層的自我必須為其他層面的自我而犧牲，若能覺醒各層自我的需求及所認同的價值，組成一個整全的自我，那便是真實的存在，這個真實存在渴求在世間得到充份的表達，能夠表達真實存在便是生命的價值。

因此，自焚者只是找到一種（對他而言）表達真實生命的方式，當然方式沒有必然是這個或必然不能是這個（毋意，毋必，毋固，毋我）。最重要的是，他意識到，生命是在展現自己，而不是「利用」來作甚麼，僅僅是真實地過活已是無價。這切合了道家「無之以為用」的大用。

誰在死？

肉身的死：當腦幹死亡那一刻，我們的肉軀衰敗已不能逆轉，再沒有新生能力。生物我寄附的軀殼，最終分解為最基本的元素。

感性自我：假使一個人在生前已解決所有恩怨情仇，也將一生的遺憾交還天地。每一刻都能活出自己，那麼大概可以從「悲欣交集」（弘一法師的臨終感言）中邁向無悲無喜之境。

社會我、價值我：如果能實現自己認同的價值，盡一己於這世間的責任，同時不受其壓制，盡其在我，享受道德主體的最大自由，庶幾可以圓滿謝幕而退場。

觀照着上述自我的慢慢隱退的是覺醒。有些宗教認為覺醒可穿越死亡，因為它是靈魂，是第八識（佛教語彙），它可能去到死後的世界，停駐於彼岸，也可能轉身重回世間，再完成未竟的學習或使命。那對它而言，便沒有死亡這回事。假若覺醒終止於肉體的死亡，那便顯露一切歸寂之境。

希臘哲人伊壁鳩魯（Epicurus）認為，人不該懼怕死亡，因尚有知覺之時不會覺知死亡，死後又已無知覺，所以毋須懼怕。[4] 試將伊氏邏輯挪用於此：若死後仍有覺醒，則它會覺醒到「白茫茫一片真乾淨」的空寂，再沒有肉身及感情的負擔；若死後不再有覺醒，那麼連觀照者都沒有了，當然也感知不到死亡了。

4 當然伊氏並無深究：懼怕死亡不僅僅是針對死亡到來之後的境況，亦可以是因為生前的遺憾及執着，而死亡代表無法彌補，因而擔憂恐懼。

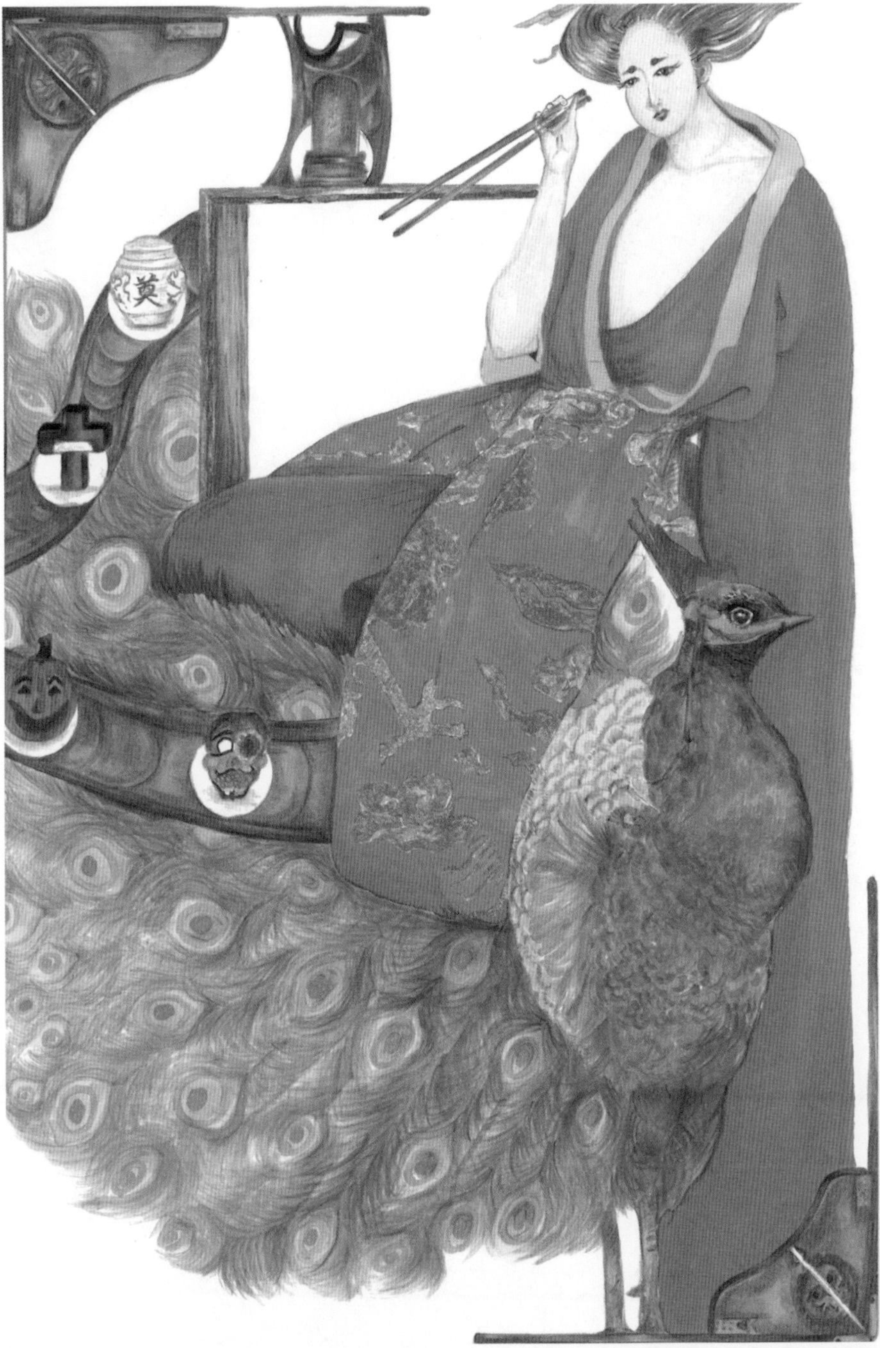

死亡是甚麼？我們可以選擇怎樣死嗎？

你準備好了嗎？

要為自己的死亡作準備，首先要認識到，並且切實確信自己會死這個事實。之後還要面對這個事實帶來的情緒衝擊，進而鬆開心底的恐懼。但這談何容易，可能要用上一生的努力，所以有人說，面對死亡，永遠都未準備好。

那麼，讓我們先去做一些實質的事情，盡量處理一些能夠準備的，希望能緩減這種不安：

1. 實務上的安排：例如整理個人財務，訂立遺囑，生前預囑（advance directives）。
2. 總結一生：那就是人們常說的「道別」、「道歉」、「道謝」。

伊壁鳩魯（Epicurus, B.C. 341-270）

古希臘哲學家、無神論者（被認為是西方第一個無神論哲學家），伊壁鳩魯學派的創始人。主張徹底的原子論、感性主義認識論和快樂論倫理學。他認為人生最主要的目的是追求心靈的愉悅，所有的快樂都是好的，也都是善的。因此經常被誤認為是一種「享樂主義」。

---

3. 籌劃死亡儀式：選擇喪葬形式及有關的細節。

以上這些都可以隨時開始，鼓起勇氣便行，不用等到生命的最後階段，而且可以一面做一面感受到卸下牽掛而來的安心。行有餘力，不妨回過頭看看能與死亡共生而仍感泰然自若的力量來源：

1. 堅定根本信仰：一生中如能尋得關於人生目標，生命中美、善的價值，就要堅守下去，不要輕易因死亡臨近而放棄，因為這些價值不會在死亡前褪色，換句話說，它們是能超越生死的。

2. 盡情享受生命給予的能力：仍有健全感官知覺（如：味覺、聽覺）的，盡情享受它們帶來的快感；仍有學習能力的，投入有興趣的學習當中；頭腦清晰的話，運用它去分辨是非，明察真偽；有活動能力的，發揮創意，聯繫肢體與情感，人和自然，利用畫筆、粉彩、鋼琴……表達對世間萬物的真切感受。

3. 盡量體驗真實的人間，減少活在虛擬的世界裏，與周遭的人有真情實感的交流，即使與遠方的事物亦保持聯繫，感受人世間的一體性，憂戚與共，喜樂同歌，你會感到個人以外的人類力量的支持。

4. 時刻聯結宇宙和大自然的力量，感受它對你的支持，它保守着你的生命到如今，也必定繼續保守下去。

5. 不斷發揮愛、接受愛、感受愛。先要學習愛自己，尊重每個層面的自我，珍惜與每個自我相處的機會，好好認識及了解他們。然後嘗試從小愛擴展為大愛，最後將自己變成愛。沒有施予者與接受者的分別，也不受時空限制，那便到達無生無死之境：安然地與死共生，自若地將生命帶入死亡中。

以上的準備工作，都要在極度醒覺中進行，開敞自己的胸懷，專注而不刻意。最後你會發覺這些為美好死亡作準備的工作，其實就是美好生命的歷程。那時，你會醒覺到，每一刻都已完成，每一刻都可繼續下去。

第五章

安樂死＝安樂之死？

「安樂死」源自希臘文「Euthanasia」，原本意思是「好的死亡」，很容易令人聯想到中文的「善終」，但二者其實相去甚遠。現代人對「安樂死」的普遍理解，比對「善終」，最重要的分別是前者是對於末期病人或年邁厭世者作出人為的介入（無論主動還是被動）來結束生命。

社會上對於安樂死的討論，主要圍繞着「應該不應該」的問題。應該與否有法律的含意，也有倫理的含意。與法律有關的例如是：「安樂死應否合法化？」與倫理相關的例子是：「安樂死是否合乎道德？」我們在這裏不從法律方面討論，也不單從倫理觀點來考慮，因為這可能涉及某一個普遍的道德原則，並預設它可以應用於任何範疇上，但這點不是絕對無問題的，亦可能有些範疇超出一般倫理之外。

然而，在安樂死的題目上，有一些基本要素，值得我們優先考慮。那是關於一般人通常為自己選擇安樂死的心境，大致可列舉如下：

1. 承受極大的身體痛苦；

2. 受長期病痛折磨而心力交瘁；

3. 由於無人關愛、了解、分享而感孤寂；

4. 怕連累親人；

5. 對人生的苦難，感到無意義；

6. 對未來無希望；

7. 怕失去尊嚴。

上述第1點與第2點多發生在嚴重與末期病患身上，第4點和第7點也是這些人的擔憂。第3、5和6點很多時會在自殺者的身上出現，他們的痛苦可能不是單純來自身體，亦有來自精神方面的折磨，例如抑鬱。可見安樂死與自殺的共通點都是以結束生命來終結受苦。我們可以就這些元素細心察看。

痛與苦

我們既然是生物的存在，對自己身體必定有所感覺。身體會因疾病或意外而感到不適，例如疼痛、腫脹、麻痺、暈眩等，而疼痛亦有很多種，除了肌肉痛或組織痛之外，還有中等到劇烈程度的疼痛，如灼性神經痛、三叉神經痛，及反射性交感神經營養障礙等。不同的症狀亦會引起各種的身體反應，如口乾、咳嗽、吞嚥困難、呼吸不暢順、肢體不能自如活動、發冷、發熱、無力、疲倦等，都是非常難受的。如果長期處於這些不適的狀態，甚至會感到身體不再屬於我們，遠超我們所能控制。疼痛也會妨礙其他身體機能的運作，亦影響人際關係和思考。這構成我們對於死亡或臨終的恐懼之一。不少人就是因為難忍疼痛與不適而選擇提前結束生命。

我們對身體疼痛所受的苦不僅僅來自神經系統，對這些肉體的痛的情緒反應如沮喪、絕望等會令情況雪上加霜。根據美國醫療保健研究與質量局（AHRQ，前身為 AHCPR）調查的結果，百分之九十的病患的疼痛是可以控制的。單單收到這個資訊，已令我們稍稍鬆一口氣。寬解疼痛的可能性讓我們得以重新評估死亡的恐怖，從而減低對死亡的恐懼。

除了藥物及物理方法可紓緩疼痛及其他身體不適外，也亦可考慮另類的精神治療減痛方案，如以正念（Mindfulness）為依據的方法〔由心理學家約翰·卡巴特—金（Jon Kabat-Zinn）所創〕、冥想等，尤其了解到痛苦部份與我們的心理狀態有關，如何使疼痛不再令我們受過份的苦，就是我們的心靈課題了。

痛苦的意義

末期病人一方面承受身體的不適與痛楚，另一方面感到不久於人世，便會覺得勉強捱下去沒有意義。不同於生產過程，受苦不會帶來獲得期待成果的喜悅，所以更沒有支撐下去的理由及力量，於是他們便會考慮提前結束生命。

的確，痛苦本身正如生命與死亡一樣，沒有既定的意義，它的意義完全在於我們如何看待它。它可以是令人沮喪、消極、絕望的經驗，卻又可以教我們的生命過得深刻飽滿。痛苦有深沉的力量，使我們意識到自己的存在、性格、傾向、需要、以至人生目標。

為甚麼我們會有痛苦？老子說：「人之大患，唯吾有身。」我們有身軀，表示我們存在於時空世界中，亦存在於條件之中。我們活在條件中，有很多不受控制的因素，因而有欲望、需要與追求，亦因此有求不得之苦。形軀有疼痛的感覺，內心有煩惱困擾，所有際遇似乎都是偶然的機率所決定。有些人因為某些遭遇，強烈感受到限制帶來的束縛，例如全身癱瘓的病人，覺得失去所有自由，遂寧願結束生命，而這呼聲得到很多人的同情及共鳴。

共鳴來自從這些病人身上，勾起我們對自身不自由所感到的痛苦。在內心深處，我們都感受到存在的不自由。是的，我們都嚮往自由，痛恨受束縛。但對於我們的身軀，我們的有限存在本身，我們何曾有過一刻的自由？我們有的只是自由的感受：我們需要氧氣，與病患者需要氧氣機供應他們氧氣，本質無異。分別的地方是我們以為自己可以操控環境，而病患者不能。因此可見痛苦的癥結乃在於我們要操控的心態。

有些病人失去了活動能力、需受人照顧、大小便失禁等，感到生活質素低劣，甚至認為連動物不如，於是提出安樂死的要求。但是，人與動物的分野只是在能力上嗎？若真的如此，我們老早便已輸給動物。造成區分的是我們的思想，我們的意識，最重要的是我們為生命賦予意義的能力。我們有意識，有思想，便能主宰自己的生命。主宰生命不同於操控生命，前者決定我們擁有甚麼意義的人生，後者企圖改變客觀條件來達成某些目的。

我們可以決定自己的一生有何意義，但不能決定人生的種種經歷。在意義的世界裏，我們擁有無限的自由，這自由更給予我們選擇如何面對痛苦的可能性。

意義治療學派創始者法蘭克（Viktor Frankl）曾經說過一個治療的例子：一位年老的醫生來見法蘭克，他患了嚴重的憂鬱症，因為兩年前他摯愛的妻子去世了，自此便無法克服喪妻的沮喪。法蘭克沒有跟他說甚麼，只問了他一個問題：「醫生，假如你先離世，尊夫人卻繼續活着，那會是怎樣的情境呢？」醫生說：「喔，對她來說這是可怕的！她會遭受多大的痛苦啊！」法蘭克於是回答：「你看，現在她免除了這痛苦，而那是因為你，才使她免除的。現在你必須付出代價，以繼續活下去及哀悼來償還你心愛的人免受痛苦的代價。」這位醫生聽了這番說話後，緊緊握着法蘭克的手，不發一言便平靜地離開了診所。法蘭克總結說：「在發現意義的時候，痛苦便不成為痛苦了。」[5]看來，我們必須為苦難賦予某種意義，才有力量承擔。從法蘭克的例子可以看到，痛苦的意義不必很宏大，有些人為了等遠方的兒子回來見最後一面，或為了看到孫子的誕生，都願意繼續承受痛苦。對他們來說，痛苦的意義在當時的情況下，就等同於生存的意義了。

5 弗蘭克著，趙可式、沈錦惠合譯：《活出意義來：從集中營說到存在主義》，台北：光啟文化，二〇〇五年，頁一三九。

人際關係的重建

「感受不到別人的關心與了解」與「怕連累親人」看似兩種很不同的狀況，但事實上，兩者都涉及自己對他人（尤其你重視的人）的期望和個人與他人的關係。

我們的一個層面——社會自我——總渴望與他人有聯繫，甚至有親密的關係。尤其在生病或面對生命中重大事件（如死亡）的時候，我們需要身心的關懷與安慰，鼓勵與支持，使我們有力量面對擔憂、失落、悲傷與恐懼。文明先進的地區在醫療系統內，會為末期病患提供心理及生活等方面的特殊照顧，例如駐院社工、心理輔導員、院牧、院侍等，還有病人互助小組，及其他 NGO 等，這些服務無疑減輕了病人因對目前病情及嗣後諸多不確定因素的無知而生的彷徨與焦慮。

但是，病者最需要的，仍然是來自至親的關懷。我們期望親人的關懷，因為它是自然而無條件的，就像父母看着初生子女，從心底生出的喜悅一樣，只是人們的慣性條件反射模式漸漸阻隔了無條件的關係。因此，若要把這種無條件的關係維持下去，必須雙方苦心經營，回歸到原初單純的相互關係。當一個人在生死關頭，意識到這是維繫生存意欲的關鍵，似乎會面臨一個重大的兩難抉擇：

1. 因為沒有親人的關懷，所以死不足惜；
2. 雖然現時沒有親人的關懷，卻希望可以扭轉現況，縱使不能改變必死的命運，也可以增加生存的勇氣，感受多一點親情溫暖，彌補過去所失，直至死亡到來而安然離去。

明顯地，第一種選擇就算終止了受苦中的生命，也談不上「安樂」。

至於「怕連累親人」而選擇安樂死，表示拒絕接受親人為自己所作出的最後付出，這或是因為上述的無條件關係，對他來說已經十分陌生，懷疑對方真誠的強度，是否可以做到無怨無悔；又或者自己仍落入有條件的考慮，認為不值得為自己付出金錢、精神、時間。

其實這些都表達親人對他的愛，愛不會因為「將死」這事實而變質。拒絕接受他人的愛，甚至不惜以提前結束生命來回絕，只有讓親人難過、內疚與自責，適與本來「不想連累親人」的意願相反。

「重新建立人際關係」似乎是最有效的出路，但有人會質疑在時日無多的人生最後階段，要改善或撥正累積了數十年的扭曲關係，好像天方夜譚；但很多真實個案都顯示出，正正因為時不我與，便會形成一種內驅力，奇蹟般完成了幾乎沒可能的任務，在最後真正做到生者安，死者息。

自主與選擇

很多人說：「我來到這個世界上，出生於哪個國家、家庭，全不由我決定，在我死時，無論如何總希望由我選擇。」沒錯，是否出生，生於何時何地，都不是我們選擇的，甚至在一生中，很多東西或事情表面看來可以讓我們選擇（如求學、工作、伴侶、子女，以至於購買任何一件物品），但如果深入一點看，這些「選擇」都只是在某些限制、條件、時代、環境下的結果，若從後果來看，更加沒有絕對的自由，其所表現的自主性只是片面的，「心想事成」、「隨心所欲」的自由，只可以作為祝福語，並寄望於上天的恩賜。

然而，日常生活的選擇雖然都在充滿條件制肘、有限選項中進行，這並不會否定了選擇的意義。選擇的本質是揀選某些價值，這些價值建基於不同層面之自我的需要，而由靈性自我加以統整、肯定而建構出來。靈性我覺察到每一層自我當前的狀態（如生物我想擺脱肉體的痛苦，感性我渴望獲得心境的平靜，社會我希望贏得群體的支持），回顧嚮往及為之獻身的理想，最後選擇了至今仍堅定不移的價值而以生命實現出來。於此，有人選擇愛，有人選擇和平，有人選擇公義，有人選擇心靈自由。現實上為數不少的人並不因為處境惡劣，生命受到威脅或即將完結而放棄這些價值，可見自主與選擇的意義體現在價值的確立與實踐上。

回過來看安樂死的問題，當一個人選擇以安樂死的方式結束生命時，他要實現甚麼價值呢？這不是單單運用理性去思考就可獲得答案。人必須處於清明的心境，靈性我才能發揮整合的作用，在死生關頭聯結生命的意義與死亡的意義。我們能夠達到和保持這種心境嗎？

尊嚴死與尊嚴生

選擇提前結束生命，除了想避免身、心的痛苦之外，也有人提出是為了維持生命的尊嚴，以及死亡的尊嚴。當身體不受控制，如大小便失禁，不能自行吞嚥，連呼吸也要借助儀器，會令人覺得，身體已成純物理的存在，事事需要他人服侍及儀器的支援，至此地步可謂無尊嚴可言，甚至覺得羞恥。因此不想繼續以此狀態存活下去。有些地方如日本及美國，將安樂死叫作「尊嚴死」，可見尊嚴在選擇者心中的重要性。

當一個人處於上述狀態而感受到羞恥，繼而尋求安樂死時，他不會僅僅是一個物理的存在。羞恥的感覺來自感性我；社會我認為每個個體都是獨立的，不應倚賴他人；價值我相信尊嚴比生存更重要。當然每一層的自我的需要及信念都應受到尊重，但我們也可以反思：這些需要及信念不是與生俱來的。

我們可以想像一個虛擬的社群：長者都受到尊敬和愛戴，晚輩都願意聆聽他們的經驗及智慧，他們一輩子對家庭及社會的貢獻都受到認同與感謝，社會不會因為他們現在「無用」而將他們視為障礙，浪費社會資源。在這樣的社群中，長者因為受到群體的認同與支持，不會自慚形穢，對自己身體機能逐漸衰退會較易接受，也由於社會耐心對待他們，包容他們，他們對自己也有較大的信心。那麼在這個社群中，人便不會因老化而感羞恥。如將上述的情況套用到長期病患社群、絕症病者與末期病人社群，應可出現相類的效果。

人們的自我形象與評價很多時來自所受的教育、社會觀念及文化傳統，由之而來對自己的心理方面的肯定，可稱為自尊心。每人自尊心的強弱都不同，社會自我以此來保護自己，也幫助人更有自信去爭取目標。從上面長者的例子，可見它需要外界協助護持，例如讚賞、鼓勵、認同等。自尊心愈強大，社會自我便愈壯健。但因為其力量來自外界，當得不到支持時，便會萎靡不振，甚至自我否定。假若「自主」本身有賴於他人才能成就，那便不是真正的自主了。

自尊與尊嚴是兩碼子事，很多人常常將二者混淆。正如上面所說，前者來自別人的目光與評價，後者則是一個真實存在的人所固有，只要覺醒靈性我可以為自己訂立人生理想，為世間萬事萬物賦予意義，這就是人的尊嚴所在，不會因為逆境或他人的態度而受損，也不會因為某個層面的自我受限而萎縮。

安樂死可以做到的，充其量只是以終止存在的方式，改變生物我的狀態。它既不能使感性我獲得平靜或喜悅，也不能將他人或外界奪去的自尊撿拾回來。相反，要死得有尊嚴，只需提高醒覺，以清明之心面對，而這與活得有尊嚴是二而一的。

兩個自我結束生命的案例

心理治療師史葛・柏克（M. Scott Peck）在《否認靈魂：從精神與醫療角度論安樂死與死亡》[6]一書中敏銳地指出，當我們不能控制自己的身體而感到喪失自尊的時候，受到羞辱的其實只是社會塑造的自我。

以下是柏克記述的其中一個病例。維多利亞是一名成功的女性，生命一直在她掌握之中；她七十九歲中風，之後雙手失去活動能力，起居都需要他人協助，自此她感到忿怒與消沉，曾經一再趕走家人為她僱用的護理人員，並刻意服食過量藥物。明顯地，她無法接受各樣事情從她的控制範圍內漸漸溜走，最後以絕食方式結束生命。她臨終時在半昏迷狀態下，像發噩夢一樣

6 Peck, Scott, *Denial of the Soul: Spiritual and Medical Perspectives on Euthanasia and Mortality*, New York: Harmony Books, 1997.

很不安穩地離世。柏克記述的維多利亞，至死都執着控制的權力，最後雖然操控了自己的死亡，但始終帶着憤懣離去。她果真求仁得仁嗎？

同樣以絕食辭世，對比於維多利亞，史葛・聶爾寧（Scott Nearing）[7]在他將屆百歲之齡時，平靜地與這世界及自己的軀體告別。他很清楚，死亡終會來臨，於是預先立下遺書，聲明他為了要體驗死亡，在死亡過程中保持清醒，因而不用止痛藥及麻醉藥等，並希望在床邊的人們保持安靜、表現了解與歡樂之心情，平和地與他分享死亡體驗。以與他相愛相知的妻子海倫（Helen Nearing）的話來說：「禁食而死並不是一種暴力的自殺行為，它只是漸漸地消耗能量，平靜地、自覺自願地離開人世間的一種方法。無論在物質方面，還是在精神方面，都做好了去世的準備。」[8]

---

7 他的一生記載於他太太的書：海倫・聶爾寧著、張燕譯：《美好人生的摯愛與告別》，台北：正中書局，一九九三年。

8 同上，頁三一〇。

兩個事例表面有相似的地方，同是自我選擇死亡，且同以絕食方式結束生命。但事實上，二者關鍵性的差別在於：維多利亞在放棄生命時仍然執着自己的操控心態，在瀕死之際仍在不斷對抗：與環境、與命運、與愛她的人，可以說，她是以一種執着的方式放棄生命，她的放棄顯示她的反抗；至於聶爾寧，卻是全然的放下，結果死的時候，非常寧靜，既無抽搐，也無痛苦，只是輕輕呼吸着，直到吐出最後一口氣。海倫這樣描寫：「他的去世簡單、容易，又具美感。」[9]

從維多利亞與聶爾寧的兩個例子看來，要死得平靜，不繫乎能否選擇怎樣結束生命，而在於能否放下種種執着，包括對「自尊」的執着。這也許便是真正的死亡尊嚴所在。

9　同註7，頁三二一三。

第六章

生死人我之交

面對他者之死——離世前

不少人會說：「我不怕自己的死亡，但是不能接受我愛的人死。」對他們來說，摯愛的死亡代表分離和關係的終止；還會勾起他們對自己的死的潛在恐懼。

當親人罹患絕症，被診斷為時日無多時，我們會憂心忡忡，四處奔走，想為他多做點甚麼，縱使明知不能挽回性命，仍然希冀他能留在人世長一點，好讓他完成最後的心願，也希望自己能有多一點與他相處的機會。

庫伯勒—羅斯有關臨終病人的著名研究中，提出臨終病人會經歷五個心理階段：否認、憤怒、討價還價、憂鬱、接受。過了半個世紀，她這個說法仍然有效，並愈來愈廣為人知。她後來還補充說，這五個階段不一定是順序的，臨終者有時會走回頭路，而且也不一定每個人最後都經歷「接受」的階段。在她晚年的一本關於哀傷的專著中，庫伯勒—羅斯更提出人對喪親的哀悼過程，也有相類的五個階段，而且在親人去世之前已經開始。

這即是說，在陪伴臨終病人的時候，親人內心也會出現憂傷、憤怒、恐懼……等情緒，可謂五味紛陳，有時甚至矛盾重重：一方面不忍親人在病榻上纏綿受苦，希望他能早日結束這個過程，但另一方面又會為自己這樣想而自責，並且有一絲盼望奇蹟會出現。

死亡天使之「宜」

面對自己的死亡，無論如何困難，仍可仰仗一生的修為而體現死亡的尊嚴，但如何協助他人過渡這艱難的人生階段呢？以下幾點可供參考：

一、尊重臨終者的生命

他的一生充滿了自主與不自主的選擇與決定，走到此生的盡頭，自有他的因緣，不要橫加判斷，更不應以「為他好」而企圖改造他。只需接納與包容，盡量肯定臨終者的貢獻，重要的是把它們說出來，讓臨終者也能肯定自己。

二、陪伴

無論哪個層面的自我，在這個階段都較脆弱，亦喪失了很多能力，極需他人的伴護與協助。我們要接受他的衰退，細察他各方面的需要，設法去疏導及滿足。但是這不等於在他身邊團團轉，很多時安靜地陪伴在他身旁，已足以令他很舒懷。

三、溝通

有人說：臨終者最大的渴望就是認識自己，繼而超越自己。這當然可以用內省的方式進行，但亦可以與最愛的人交流而達致。我們可以將臨終者美善的一面，展示給他看，也可以表達對他的欣賞與讚許，更可以鼓勵他面對病痛，幫助他解除擔憂。有時臨終者慢慢不能說話，但透過身體語言或眼神仍可表達內心感受。曾經看過下面這幾句說話：「這是我們最後的時刻，我們最後的手勢，我們最後的凝視，我們最後的感覺！難道這些都不算嗎？」[10] 珍惜最後的溝通機會，它可能會成為日後你懷念的憑藉，以及將來與死者能夠保持聯繫的信心。

10 瑪麗．德．翁澤（Marie de Hennezel）著、吳美慧譯：《我們並未互道再見》，台北：張老師文化，二〇〇一年，頁一二三。

四、借助宗教的力量

這是宗教最能發揮力量的境況，假若臨終者有宗教信仰，協助他依靠宗教的力量，增強他的信心。

死亡天使之「忌」

一、不要企圖把臨終者留住

如果他已準備好心情去完成最後的旅程，不要勉強挽留他，例如鼓勵他支撐下去，要戰勝病魔，做生命鬥士等，但這很可能只代表你自己的想法或需要，作為至親，應以將逝者的需要為依歸。如何辨別你的需要與他的需要，又或甚麼階段要支持他活下去，關鍵在於觀照自己的心，覺識有沒有恐懼、歉疚、不捨等情緒。去做一個陪伴者也是一種對自己的鍛煉。

二、不要忌諱與臨終者探索死亡

很多時我們害怕在臨終者面前提及死亡，或者認為是不吉利，或者怕會刺激他。其實若果能夠打破這個忌諱，會為臨終者開啟那扇他將會通過的門。當然談論要有技巧，主要是要留意他接受的程度，每次比之前推開多一點點便好。要自然而不刻意，例如可以從他與去世的親人的往事談起。

三、不要用自己的價值觀及人生觀加諸臨終者身上

每個人都是獨特的，堅持將自己的想法套在他人身上會讓人反感，所以還是細心聆聽臨終者的想法，謙虛細心學習他們教導我們的東西吧。

四、切忌説服臨終者在此刻改變他的宗教信仰

可以為他祈禱、祝福，求你的神寬恕他，但不要要求他變更自己一直以來的信仰。

面對他者之死——離世後

身為亡者親友

親人逝世的一刻，彷彿時間都停頓了，此一刻標誌着你與他／她共同生活的世界的終結。世界既然終結，你感到孑然一身，沒有容身之所，腦子一片空白，間或浮起你們共度的片段，一些話語，某個表情與眼神，無論是甜或苦，都引起你無窮的傷痛。

當你恢復意識，聽到秒針跳動，意味着療傷之旅的開始。此路看似漫漫無止境，要走多久，因人而異。有統計謂很多人需要二至四年才走出來。但沒有所謂「正常」或「不正常」，亦不能以時間的長短來衡量你與亡者感情的深淺。有些人較早度過哀傷，有些則可能逾十數年仍受傷痛所困。正如身體的傷口一樣，能否早日痊癒端視乎是否正視及得到適當的護理，有時表面結疤的傷口，內裏正在潰爛。療傷不是叫你忘記逝世的人，也不是要你刪除那段感情或關係，而是與之好好道別，讓亡者安寧，生者輕鬆上路，繼續自己的人生。

當悲劇發生，你可以做些甚麼：

1. 你會驚呆了，可以讓自己經歷震驚。
2. 哀慟洶湧而至，容許自己悲傷，你可以哭，可以尖叫，可以捶胸跺地。
3. 你可以聲嘶力竭地問「為甚麼？」，縱使明瞭不會有答案。
4. 也許你有責任在身，要強作鎮定，但你仍然可以接觸自己的心靈，擁抱內裏那份哀傷。
5. 你可以告訴自己，這個不幸不論如何荒謬，都是真實的。
6. 你感到忽然間有很多事情要處理，令你手足無措；你可以一次思考一件事，並找相關的人協助。

7. 你感到整個人給掏空了，失去一切力量，想大睡不起，希望醒過來發覺原來是一場惡夢，那便讓自己睡上十來個小時吧。

8. 你可以找一個你信任的人，向他表達目前的感受及憂慮。

9. 你可以生氣，不論憤怒是指向死者、身邊的人、醫護人員，甚至神。

10. 如果你有發瘋的衝動，你可以走到無人的郊外，讓內心的感受表達出來，然後嘗試接收大自然（微風、陽光、樹林、溪流）散發的慈悲。

如何協助朋友渡過哀傷？

假若喪親者願意接受幫忙的話，你可以試試看，但要注意下列數點：

1. 保持平靜，與自己聯繫。如你也在極度哀傷中，又或在不自覺的恐懼、憤怒、憂鬱中，那便不要急於助人，先要照顧好自己。

2. 不要用你的觀點與感受作主導，去理解及衡量喪親者的需要。容許喪親者以自己的時間與步伐去哀慟。也給予充裕的空間讓喪親者以自己的方式表達心境，例如，他若不想說話，便陪他到公園坐坐；若他有無盡的話想傾訴，便靜靜聆聽，不要試圖改變他的想法。

3. 肯定喪親者的情緒。無論是憤怒或無助，記着任何表現都是正常的，因為此時是一個非常「不正常」的情況。

4. 不要說些老生常談的無用勸告，如「人死不能復生」、「節哀順變」等。縱使其中包含古老的智慧，但因過份濫用，令人聽上來覺察不到說話者的誠意。

5. 有時肢體語言比說話更能表達你的關懷與支持，如拍拍肩膊，或來個擁抱，但切忌刻意，以自然為上。

6. 設法體會喪親者的感受。假如你沒有相似的經驗而無法理解，可參考有關哀慟心理的書籍。

假若喪親者不願意接受幫忙的話，有可能是因為他不慣接受他人的幫忙：

1. 不清楚自己需要甚麼；

2. 不肯定你能幫忙；

3. 認為心情轉向平伏的路須自己走。這也許是對的，但你仍可讓喪親者了解，有人幫助會走得輕易一點。最少，有人相伴便不會覺得被遺棄。

在這種情況下，你不用刻意「幫忙」。若有機會便待在他身旁，隨時待命，有時突發的需要出現，你便可發揮作用。切忌嘮叨勸解，關心可以是無言的，從最細微的地方體察他的需要：在他沒胃口時，買一碗清淡的米粉；他呆坐之際，適時送上一杯熱茶；他睡不着，播放柔和的音樂……但記着讓他保留個人的心靈空間，容許他在裏面消化事件、哀悼以及經歷種種情緒的變化（如憤怒、自責等）。當他過渡極度哀慟的階段後，心靈便會慢慢敞開，自然吸收外在世界的支持，將之化為自己站起來的動力。[11]

11 轉載自《療傷之旅》。

第七章

死亡的啟示

我們需要的，比實際擁有的少得多

當我們在疾病中，在面臨死亡時，甚至只是想像死亡逼近的情境，便會察覺，以往覺得在人生中不可或缺的東西，都會一樣一樣從我們手中脫落。其中一些是不再需要的，如裝飾品、旅行帶回來的紀念品等；另一些則是我們無法再享用的，如名貴跑車等。此外，對他人的責任，也因無法完成（至少以原來的方式）而要放下。

威諾森（Patricia Weenolsen）在她所著的《死的藝術》（*The Art of Dying*）中說：「脫落的事物有很多都是為了讓我們從人生裏的喪失、時間的壓力、聚集在地平線上的死亡陰影中轉移注意力的東西。」我們為了逃避死亡，不肯正視死亡，便用種種的「重要」的事物轉移視線，但相對於生命本質，以至自我存在的目的與意義而言，這些事物是否必須呢？假若因為到了生命的盡頭而不得不放下的話，我們難免會充滿不甘、怨憤及傷感。威諾森提醒我們，在此刻「請想起火箭在發射前的一瞬間，支架會脫落的情境」。我們必須放下這些「重要」的事物，才能擺脫沉重的肉身，輕鬆上路。[12]

12 參閱威諾森（Patricia Weenolsen）著、吳憶帆譯：《死的藝術》，台北：志文，一九九九年。

為生命添上意義

我們來到這個世界上，為的是甚麼呢？生物我由受精卵開始，形成胚胎，細胞不斷分裂分化，出生後再由嬰兒長成成人，過程中不斷受疾病、意外、死亡的威脅，隨時有結束生命的可能。來到這個世界上，以至存活至今，有很多偶然因素發揮影響力，回頭看，殊不容易；但無論我們如何努力，如何渴望繼續活下去，卻始終會死。那麼為甚麼要走這一遭呢？

有人說這是上天安排、設計的，不容我們決定；亦有人說在我們出生之前，自己有份參與選擇未來一生的任務（或目的，或使命），只是出生後便忘記了。不管是哪一種，我們都要重新尋回來到這世間的目的。就算不從這些玄虛之談的方向想，找尋生存目的是讓我們能夠回應「為甚麼存在」這問題的一種方式，找到的目的就是我們稱為的「生命的意義」。若把存在的原

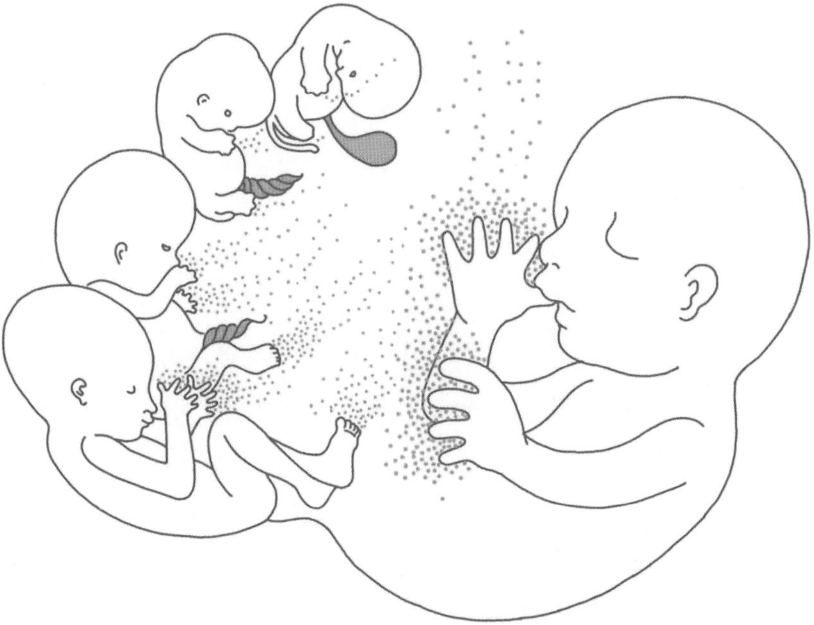

我們來到這個世界上，為的是甚麼呢？生物我由受精卵開始，形成胚胎，細胞不斷分裂分化，出生後再由嬰兒長成成人，卻始終會死。那麼為甚麼要走這一遭呢？

第七章
死亡的啟示

因單純交付給物理上或生物上的偶然因素，那麼整個生命亦同樣可以交給各種偶然性而隨風飄蕩，生命因沒有意義而輕得不可承受。

說「尋找」也好，說「賦予」也好，生命意義就是使生命有意義的事物（說了等於沒說）。每個人的生命意義都可以不同，一生的工作及努力會圍繞它而展開，但它亦可以隨着人生不同階段而加以更改，因此假使在生命的早期已發現自己的生命意義，那便是幸運的。然而很多人終其一生都覺察不到生命意義在哪裏，到臨終時會慨嘆「一生營營役役，不知為了甚麼」，好像白過了整個生命旅程似的；另一些人則雖然亟欲尋找生命意義，但因找不到答案而下了「生存沒有意義」的結論，失去行動的動力，甚至想結束生命。

事實上，尋找生命意義不是一蹴即就的，很可能是畢生的事業。這樣看來，我們倒可以換一個角度，將尋找生命意義的過程本身視為生命中一個重要意義。抱着這種心態過活的話，不同的意義便會在各種活動中浮現出來，你便可以選擇願意為之委身的，落實於自己個人的生命中。得到這結果是尋找的額外「花紅」，因為在尋找之旅中，沿途的風景已是豐盛的回報。

死亡的恩賜

死亡或臨終只會帶來痛苦、悲傷，與恩賜實在扯不上邊。以患末期癌症的病人為例，他們為了延續生命，很多時必須接受無了期的入侵性治療及檢查，如化學治療、顯微攝影、靜脈注射、放射性治療、磁力共振、手術等，病情惡化時，會感到疼痛、噁心、腹瀉、水腫、腫瘤脹大的壓力、呼吸困難、精神萎靡等，病者受盡身心的折磨。

肯恩・威爾伯（Ken Wilber）的妻子崔雅（Treya）患上乳癌的經歷，正是其中的寫照。崔雅在婚禮前夕，發現罹疾，此後五年夫妻二人互相扶持，不斷與疾病對抗，試過很多種治療方法，都無法徹底治癒，不適卻越加劇烈。最後崔雅決定停止治療。在作出決定後，她在日記中寫下：「這真的需要恩寵，當然——還有勇氣！」一直走來，歷盡身體與精神上的極大苦痛，為甚麼崔雅仍能夠說出「這是恩寵」的話呢？

在這五年內，她丈夫威爾伯與她並肩作戰，為了服侍崔雅，幾乎完全擱置了自己的事業，在這段日子裏，也與崔雅同樣以苦難作修行，因而完全體會到恩寵的意義，用他的話解釋，在生命的最後階段，崔雅打破了在她生命中兩個面向之間的壁壘——靜定與熱情，臣服與堅持，接納與決斷，單純存在（being）與有所作為（doing）——這兩面本來並行不悖，但很多時卻互相角力，現今崔雅在生死最後關頭，體悟到連死亡與生命也不對立，原初內在於她的對立面向一下子整合為一個和諧整體了。因此她感受到莫大的恩

肯恩．威爾伯（Ken Wilber, 1949- ）

美國作家、哲學家、超個人心理學家、整合理論家。他提出整合自然、文化、宇宙和意識的「大統一場理論」，為科學和社會提供了嶄新的典範基礎。他的著作有二十五本之多，被譯成三十多國文字。

寵。死亡、苦難令她生命歸於完整。她說，當然還要她自己有勇氣承擔，但最後恩寵與勇氣也融合為一了。

凱思林・辛（Kathleen Dowling Singh）在她的著作《好走：臨終時刻的心靈轉化》中，曾這樣描述臨終時的整合：在身心合一的體驗裏，我們的意識會自然而然地展開覺醒，我們的潛能得以在全體中拓展，因為這全體是一高層級的統合。我們因而更多及更好地了解自己。身體與心靈融入了由完滿凝練的生命存在模式所展現的如今得到解脫的自主性中，我們開始步上成就自身、體現自身的歷程，並逐漸察覺到那些承載着意識的存在。這是一個周遍於身體，同時充塞於心靈的覺醒，一種對洋溢於身體、情感、精神的整合存有的感受。

在臨終時令生命存在的層級提升，可以說是死亡的恩典（之一），這是《好走》原書名 *The Grace in Dying* 的意思，而書的副題「臨終時刻的心靈轉化」（*How We Are Transformed Spiritually as We Die*），正是作者從無數臨終病人身上觀察及體悟到的，我們又能否將這種提升實現於有生之年呢？

第八章

修習之路

學習，再學習

學習並不是指去獲得關於這個世界的知識，也不是關於生存或生活的技能。學習是一種心態，甚至是一種信仰，與之前談到的存在的目的性有關。

當我們計劃周詳，付出最大的努力去實現某項目標，最終卻因為種種原因，或不明所以地無法實現時，又或當我們遇到意料之外的不幸時，又或死亡的預告時（如危疾），我們總會問：「為甚麼？」「為甚麼偏偏是我？」在這「為甚麼」的背後，有很強烈的抗拒、憤怒、不甘、沮喪等情緒，揮之不去。然而，假使換一個發問的方式，例如：「在這件事情上，我學到了甚麼？」（上天／命運／所信奉的神要我學習甚麼？）這樣的話，你心目中的「失敗」便會扭轉成「獲得」的契機。

你可能說，這不是「阿Q」嗎？一方面，做阿Q不是必然不好的，如果阿Q能平息你憤憤不平的情緒，就當這是一個類似鎮靜劑的藥方吧。另一方面，所謂「失敗」是對應於你的目標而言；縱使承認在某項目標上，此時此刻未能達致，這個挫折並不妨礙我們在一個更寬廣的層面，達成美好人生（包括美好死亡）的目標——假使我們真正能從中學到甚麼的話。

「失敗」教給我們的很多，如謙卑、放下操控心態等，最核心的是：「接受」。學習臣服，並如其所如地重新審視周遭處境，自己的準備狀態，覺醒個人的價值觀、人生理想等（例如：今次事件是否遠離了它們）。如果我們沒有學會，「失敗」便會以各種形式重複出現，我們唯有不斷學習，直至學會。

小小練習

在遇到挫折時，試試問：「上天要我學習甚麼？」例如：趕着上班卻錯過了一班車，盡量不要使答案流於表面（如：要提早出門），觀察自己當時的反應，如生氣、懊惱、指責他人等。可能初做會茫無頭緒，慢慢便會讓深層的教導浮現出來，不要強求用腦去分析。

生的日常——死的練習

在上一章的〈死亡的恩賜〉一節中，我們看到死亡／臨終是一個讓人們能夠更深廣地認識自己、實現自己的契機。「實現」的意思是使一直存在於自己之內的對立與分裂，得以在靈性的更高層級中整合，並使肉體、情感、靈性融合為一整全的我，能否利用這生死關頭的契機，關鍵端在能否接受死亡。

接受死亡不等於放棄生命，剛好相反：不要把死亡視作生命的對立面而時刻抗拒、逃避，否則只會形成恐慌與焦慮；必須將死亡融入生命中。這聽來玄虛而空泛，其實在日常生活中，我們隨時都可以練習。例如：在面對失去時（諸如失戀、失業、失學、失去心愛的物件、朋友），把失去引起的悲傷與獲得時感受到的喜悅同時喚進心靈中，讓它們共處一會（甚至比「一會」再久一點），看看它們能否和解，成為朋友。假若一次未能成功，可以繼續做下去。在這個練習中，「當下」扮演着一個重要的角色。

就在當下，你同時擁有悲傷與喜悅，最要緊的，不是哪一個戰勝另一個，而是接納它們同時存在於當下，無分彼此，最後合而為一。這個時候，體會生命存在的深層真實感，而這就是存在的意義。凱思林說：「存在的意義就是活在每一刻裏，這意義不僅充份，而且真切深邃。」反過來，「能夠活在當下，我們就能夠接受死亡。」因為死亡發生在每個當下。

在日常生活中，可以練習將意識投注於當下每一刻的生與死——生死正在一呼一吸中。威爾伯提醒我們：「尋找生命的真義，就是接受生命中的死亡，並且和一切的無常為友，在每一次呼氣時全然釋放一體身心，讓它回歸空無。……畏怯死亡，畏怯每一刻的無常，就是畏怯每一刻的生命，因為這兩者是同一件事。……在每一次呼氣時無條件地順服死亡，就會在每一次吸氣時重生。」在臨終病人身上，我們證悟到呼吸是全然的，而沒有人可以確定是否有下一次。

小小練習

每天撥出一個時段（短至五分鐘也可），靜靜地坐在不受干擾的地方，留意自己的呼吸，感受呼氣與吸氣時氣流在鼻孔出口處的流動。毋須刻意作深呼吸，自然便可。

進階版：吸氣時意識「活着」，呼氣時意識「放下」。

毋忘感恩

在這個昏亂的時代，霸權橫行，人性扭曲，美惡顛倒，還未計不停的天災，世上生靈所受的苦難，觸目皆是。人們不禁會問：「恩典何在？」

假若我們感受不到恩典所在，我們是無從談感恩的，所以感恩不是掛在嘴邊的「口頭禪」。狹義的感恩是對某人某事的出現，使我們獲得利益、心情愉快、符合個人期望、成全某個目的等，人們便心生感激之情。人們可曾為暴風雨、災難、疾病、困頓感恩？充其量是在不幸跟前，想像一種更嚴峻的不幸，要求自己體會身處「不幸中之大幸」，又或想像此當前不幸會帶來日後之益處，而萌生感謝之情。

然而，如果這些都沒有可能出現呢（例如下一刻就死）？如果我們將感恩視為對一些實際或可能會發生的事情的回應，終有窮途的一日，就好像民間信仰為了某些目的而去拜神一樣，最後歸結為人我矛盾或自我矛盾，那麼我們是否應該去探索一種沒有對象的感恩？所謂沒有對象的感恩，是一種存在的樣態。有人問一位大師：「甚麼是恩典？」大師反問：「甚麼不是恩典？」連死亡也是一種恩賜的話（見第七章），無論這世界發生甚麼，無處不是恩典，感恩是在我們心中，不是在外界。在感恩的存在樣態中，就是沒有好與壞的分野的狀態。一種佛家稱為「無分別心」的狀態；不單是佛家，道家也說「不將不迎，應物而不傷」；儒家指示我們「毋意，毋必，毋固，毋我」，必定要如此或必定不能如此，只是我們的執取而已。

沒有對象的感恩，就是無條件的感恩，像無條件的愛一樣。

小小練習

在靜處時，感受自己的存在，包括身體狀態、當時的情緒、思想等。但不要停駐於任一個別狀態，也不要鑽入思想情緒的內容，更不要進行分析。然後完全接納當下的自己，能做到這點，感恩之心便會自然呈現。

愛

所有人都渴望被愛，在愛中會感受到安全、希望、生存的力量、創造力，自己也變得美好。可是就算得到愛，我們也會害怕失去，那時便會掉進痛苦的深淵，因此我們會抓緊不放，並會誠惶誠恐，愛變成依戀，這樣卻促使愛遠離我們。在人間，愛之不能長久，愛會變質，愛轉成恨，甚至傷害，皆由於我們所經驗的，都是有條件的愛。當我們不聽話了，不可愛了，表現不佳，沒有其他人一般優異，總的來說，不符合愛我們的人的期望，他們便會將愛收回。於是，要贖回愛，我們得改變自己，符合某些標準。慢慢地，愛變成一種交易，獲得愛要付出的代價是喪失自我。習慣了這種交易模式之後，我們再也不懂得愛人。

如何從這個輪迴中超拔出來？首先，要相信無條件的愛，相信它不只是一個理念，而是可以存在於世上。像被愛一樣，它不是尋覓可得的。我們不要四處尋找無條件愛我們的人，乞求他們的愛，那是徒勞而令人喪氣的。反而須培養自身無條件的愛的能力，那是與生俱來的，只是在塵世中被淹埋了而已。例如，我們可以嘗試栽培一株植物，翻查資料如何護理，盡量給它需要的，我們為它的茁壯成長而高興。但不因它形態不美，花朵的顏色不是我們喜愛的，或者它的高度不能作籬笆，它的枝葉不能讓人乘涼……而放棄對它的愛。

此外，也可以試試養熱帶魚或青蛙，這些都是較難對你所投注的情感有所回應的生物。學習付出無條件的愛，接受牠／它們自然的生（在你的悉心照顧下），自然的死亡。當你能接受失去牠／它們而不覺得心力白費的話，便可測試到你的愛是無條件的，以至可以超越死亡。

當然，不斷的付出早晚令人感到枯竭，除非我們自己是愛的根源。那麼，便將自己變成無條件的愛本身吧！不，根據Anita Moorjani（見第三章）在那難能可貴的死而復生的旅程中的領悟：我們本身就是愛。我們只需將原來的自己體現出來。我們本身就是愛，不然就不能愛人，正如我們本身是光，才能照亮他人，我們不是折射或反映我們之外的光源。當體驗到自己就是愛，就是光，只要做回自己，便可無條件地散發出愛與光芒，燭照所及的都亮起來。於是，愛自己與愛他人是同一回事。

小小練習

嘗試盡量接觸偉大的愛、無私的愛，如宗教上的，也可透過偉大的人去感受他們不分彼此的大愛，並在自己愛心萌發時引導這有特定對象的小愛與大愛結合。具體的練習：想像自己心中有一點光，同時想像自身之外有無邊無際的光，包圍自己，引導自己內心的光與大光融合為一。

作為物理的存在、生物的存在、感性的存在……
人可以自由地奔馳嗎？

第九章

生死讚歌

光影間悟生死

緣起緣滅《東風破》

明常

死亡總是以不同的面貌出現：自殺、絕症、意外、戰禍、疫症、老死……不一而足。港產片《東風破》（*Merry-go-round*，麥婉欣、鄭思傑，二〇一〇年）就是個關聯着各種死亡的故事。

戲中角色各有遭遇，導演巧妙地把他們交織在一起。官恩娜一人分飾兩角，既飾演二次大戰後遠赴三藩市的年青 Eva，也飾演身在三藩市，自殺不遂卻發現患上末期血癌的 Merry，英文片名語帶雙關的深意，就寄託在這構思上。二人本來互不相識，Merry 回港後，一方面在山伯（泰迪羅賓飾）打理的義莊工作，一方面纏着從網上認識的余麟（周俊偉飾），而余麟的姑婆就是 Eva。老了的 Eva（苗可秀飾）在三藩市行醫濟世五十年後回港，她爺爺的棺木一直停放在義莊，她打算把爺爺遷葬家鄉，結果在義莊重遇山伯，而山伯，就是她半世紀前的情人。兜兜轉轉，原來是你。人生就是這樣。

很多巧合？是的，命運之神從來都有祂的安排。Eva 回港的主要原因，是余麟想把家族經營的南北行賣掉，要她回來辦理手續；而余麟之所以想賣舖，又因為他想贖罪。他一直活於內疚中，某天跟同事調班，豈料檐篷塌下來，同事不幸喪命；多年來，他一直把同事妻子阿欣（何韻詩飾）及其兒子的生活擔子扛在肩上，希望賣舖後分得一筆金錢，足夠她母子倆往後的生活。可是檐篷坍塌只是很偶然的意外啊。原來吹縐一池春水的，只是一件「啱啱遇着剛剛」的事情。

但偶然或死亡都不是本片的主題，導演只是借題發揮。生離死別，人生難免，遇上後以甚麼方式面對，才是重點。開場不久，導演就用角色旁白的方式告訴觀眾：「每一個選擇都影響我們前面的路。在這些選擇當中，總有些是我們後悔的，想要重新選擇；想重新選擇，是因為我們不喜歡現在的自己。」隨着劇情發展，觀眾看到余麟選擇把同事偶然命喪的責任攬上身。山伯在 Eva 離去後，選擇後來遇上的妻子；兒子死了，妻子離去，他選擇在義莊與亡靈為伴。Eva 在愛情與行醫之間選擇後者。阿欣最後選擇拒絕余麟的「好意」，還把他罵了個狗血淋頭。血癌末期？導演不跟你來甚麼臨終五個心理階段那一套。Merry 開開心心在義莊服侍死人，還想學烹飪討好余麟。説到尾，一切都是選擇。

選擇有對錯之分嗎？每個選擇都有作出該選擇時的因緣，我們既無法重新選擇，也不必重新選擇。檐篷塌了可以重建，但死者能復生嗎？導演深明此理，到影片終結時，便再借 Eva 的旁白説：「其實所有事情都是最好的，你沒有選錯。」因緣所生法，我説即是空。明乎此，就不用執着於對錯了。

以戲論戲，本片不算十分出眾，但無疑很有誠意，用南北行與義莊兩個場景來對比生與死，也見心思。

活在當下的《情約時分秒》

明常

要講一個以生死為題的故事，許多導演都會選擇墳場作為拍攝場景。《情約時分秒》（*Long Story Short*, Josh Lawson, 2021）有兩場首尾呼應的戲，就是這樣安排。

電影的劇情很陳套，只是講述男女主角 Teddy 與 Leanne 相戀、相分再復合。開場不久的墳場戲，是全片的引子。Teddy 帶 Leanne 到父親墳前，告訴父親已經訂婚，但婚期未定。Leanne 先回到車上，有個婦人走過來，跟 Teddy 攀談起來，說無意中聽到他們的說話，恭喜他之餘，卻追問他究竟何時結婚，他只是不斷說等待合適時機，說還有很多其他事情要做，說沒有時間……。為何不現在就做呢？兩人漸漸爭辯起來。婦人說：「如果在一瞬間，你過去的一年就消失了，你怎辦？」他有點不明所以。婦人也不多解釋，便說：「這樣吧，我送你一份禮物，作為你兩個星期後結婚的賀禮。」

兩個星期？」Teddy 呆了，連聲問婦人說甚麼。婦人只對着他說：“Yolo.”（You only live once.）

故事之後就如婦人的預言發展下去，而她送的神秘賀禮到影片末段才得以揭盅。Teddy 跟 Leanne 結婚後，一如那預言，每年都只能醒來幾分鐘，然後驚覺過去一年已經消逝。[13] 導演安排他在每年的結婚紀念日醒來，在紙婚到錫婚之間，他有了個女兒，發生了婚外情，與妻子分居，離婚……。每次醒來都面對着陌生的情景，需要靠手機的記錄和身邊人的提示來「回顧」過去一年發生在自己身上的事，而且要努力在幾分鐘內補救其間搞砸了的事情。十年過去，他最好的朋友也病逝了，他在墳場再遇上那婦人，兩人又聊起來，展開了一場惹人深思的對話。

13 婦人的預言，有點年資的影迷可能會知道是《偷天情緣》（*Groundhog Day*, Harold Ramis, 1993）的變奏，在本片中也一再提及該電影。

婦人一見到他就問：是否每隔幾分鐘就過了一年？是否喜歡她的禮物？他當然憤怒，認為那是個詛咒，毀了他的人生。婦人回道：「毀掉你人生的，是你自己，現在只是讓你快速地看到其中的過程。」這不就是人在死亡一刻腦海飛快閃現自己一生的情況嗎？不同的只是 Teddy 看到的是年復年的事情，而不是一生。

Teddy 只顧工作，總覺得時間不夠用，甚麼都說「later」（稍後），婦人勸他：「Teddy，時間不等人的。」「事情沒那麼簡單。我沒有足夠時間令一切變得完美。我越努力，情況越糟。」婦人不耐煩了，說：「你為甚麼要讓一切變得完美？人生從來都不完美！」

最後，婦人跟 Teddy 分享了一件往事。她小時候會跟哥哥跑到公園，二人站得遠遠的，只用一條細繩來溝通，那條細繩彷彿能克服所有距離，讓她倆穿越時空。這時，婦人一邊請 Teddy 把一朵小花栽種在某個墓前的泥地裏，一邊告訴 Teddy，在細繩的兩端，她們用來通話的東西，是錫罐。聽到這裏，Teddy 猛然記起結婚當天收到的一份禮物，就是一個錫罐，禮包上還附有紙條，叫他十年後才打開。導演用幾個 Teddy 的閃回（flashback）鏡頭重現這個情節，然後用浪濤聲做畫外音，配合溶接墓前滿地鮮花盛放的鏡頭，觀眾知道又一年過去了。婦人消失了，Teddy 看着地上的墓碑，碑上刻着一個名字：「Rose」。

Teddy 匆匆回去找 Leanne，找出當年的禮物，打開，跌出一枚戒指。這枚戒指是在電影中段時，Leanne 已告訴 Teddy 遺失了的婚戒。彼此都覺得不可思議，原來它一直在這裏。失而復得的婚戒兩生花，很奇幻。

導演在這段戲中用了一些淺白的比喻來表達他的想法：用細繩溝通（人與人的聯繫）、鮮花（生命）、名字 Rose（愛情）、錫罐／戒指（婚姻），既通過婦人向 Teddy 提示，也通過影像告訴觀眾。

心迷百花轉，心悟轉百花。迷與悟，總在一念之間。這婦人是巫婆還是天使？那預言是詛咒還是祝福？視乎你用甚麼角度看待。導演刻意把Teddy設定為一個愛說「later」的人，無非要帶出「活在當下」的題旨。但「當下」是甚麼意思呢？說這句話的時候，「當下」已經逝去。如何掌握？

Yolo，人只可活一次。如何活，涉及選擇。在這故事裏，導演給出明確的答案，尾段還「扭橋」來強化該信息；但在現實中，仍有數不清的人把人生只獻給工作，是對是錯，很難一概而論，如何活在當下，把詛咒變成祝福，或許要有轉識成智的領悟，才能達成。

塵世相逢誰是誰——淺談《兩生花》

明常

近年常有以多元宇宙為題材的電影。人能往來穿梭於不同時空，這想法實在吸引，相信在現實中，不少人都很想探訪死者的世界，跟逝去的親人或好友聚一聚，來個下午茶，甚或借宿一宵，聊一聊，然後彼此問候一聲：「你還好嗎？」

也有少數人會有另一種奇想。到了異度空間，並不想探訪親友，而是想看看自己出生前或死去後的模樣，究竟「父母未生誰是我？一息不來我是誰？」相信也可發展出很多有趣的故事。

再進一步想：如果在相同的時空中，你看見一個跟自己一模一樣的人，而你又很清楚自己並非孿生，那又會怎樣？大概很震驚吧。一九九一年，波蘭導演奇斯洛夫斯基（Krzysztof Kieślowski）拍了一齣法國片《兩生花》（*The Double Life of Véronique*），說的就是這樣一個故事。這齣「形而上的驚慄片」（本片監製語），是同類題材電影的鼻祖，也是史上最美麗的電影之一，花兩三萬字也説不完，這裏只從生命的可能性這角度談一談。

話説在波蘭的 Weronika 與在法國的 Vèronique（均由愛蓮·謝歌（Irène Jacob）飾演）互不相識，卻彼此感應到對方的存在。電影開始了大約十五分鐘，有一天，Weronika 途經克拉科夫（Krakov）的中央廣場，剛巧遇上從法國到來旅遊的 Vèronique，她的容貌衣飾都跟自己一樣，Weronika 看得呆了。因為當時有示威活動，Vèronique 要匆匆返回旅遊車上，只好拿着相機胡亂地多拍幾幀照片。Weronika 站在遠遠的，呆呆看着 Vèronique 的一舉一動，直到她走到車廂尾部，旅遊車開動。但車上的 Vèronique 是看不見 Weronika 的，故事接近終結時，早已返回法國的她才從當時拍下的照片中得知世上有另一個她，曾經與自己那樣接近。

就電影的敍事次序而言，前半小時是波蘭 Weronika 的故事，她熱愛唱歌，在看見另一個自己之後，感到自己並不孤單，但最後在音樂廳上演唱時，因心臟病發而猝死。在葬禮中，導演拍了一個她的主觀鏡頭：她躺在棺木裏，「看着」親友逐一把泥土撒在玻璃棺蓋上，直至畫面全黑。然後電影轉場至法國的 Vèronique 與男友做愛的場景，並以此來開始後面約一小時的 Vèronique 的故事。葬禮與做愛（赤裸），死與生，導演的用意十分明顯：要暗示（或引導觀眾聯想）Weronika 並未死去，或者說，兩個角色是二如一的，是一個人物的兩種展現。[14] 而更耐人尋味的是，在敍述後半部份的故事時，導演一開始就告訴觀眾，Vèronique 去找歌唱老師，表示自己決定不再唱歌了。她後來是個很安份的音樂老師，在音樂室教小朋友演奏 Budenmayer 的樂曲，而那樂曲，就是 Weronika 在台上猝死時正在演唱的。

14 到了電影後半部，觀眾逐漸知道二人除了容貌相同，連喜好、小玩意，甚至日常生活上的小動作都一樣。戲中還有很多玻璃上的倒影、鏡子中的鏡像，都表達了這種雙重性。

回說廣場上那場戲。撇開政治方面的指涉（示威、廣場、波蘭 vs 巴黎的寓意等）不談，導演在這場關鍵戲中，呈現在觀眾眼前的，是兩個鏡頭的對剪：一個是 Weronika 的主觀鏡頭，她看着旅遊車逆時針地繞着她轉彎，鏡頭就橫搖拍着旅遊車移動；另一個是從車上拍攝定定地站在廣場上的 Weronika，車子逆時針方向轉動，鏡頭就相應地是個逆時針的弧形環繞鏡頭（arc shot）。許多電影都愛採用這種影機運動來表達時光倒流的意思，導演處理這場戲時，當然考慮了畫面的美感和表達劇中人那天旋地轉的感覺（想想 Weronika 那一刻的內心是多麼震動），但可能也有這層暗示：如果時光倒流，Weronika 會否希望自己是登上旅遊車的人，過另一種生活？她看着的 Vèronique，會否是自己的分身？

這就涉及生命的抉擇。上述分析或許有過度詮釋之嫌，但在 Vèronique 的故事中，這種抉擇是很明確的。Weronika 死了，Vèronique 無端的感到哀傷，就決定不再唱歌了。後來她看着黑白相辦的一小格裏，那廣場上孤伶伶的 Weronika，更悲傷地哭起來，感到很孤單。所以也有論者認為，廣場上兩人遇上的那場戲，甚至前半小時整個 Weronika 的故事，都是 Véronique 的前閃（flashforward）。

生命有很多可能性，導演用這女主角展示了其中的兩種。我們或許都曾經想像過，如果自己在人生某個重要時刻做了一個不一樣的決定，今天的自己會變成怎樣。Véronique 放棄唱歌，令她生命裏某個重要部份死去，她的靈魂缺了一角，變得不完整，這是她感到悲傷和孤單的緣由。死亡，不一定是肉體上的，「成世人流流長」，我們總會做過某些決定，令自己生命中的某些部份死去，然後馱着一個自知（或不自知）並不完整的靈魂繼續彳亍前行。人生猶如幻中幻，電影中兩個相同女子走上不同命運，究竟誰是生、誰是死，往深一層處想，其實不容易説清楚。至少觀眾看見的 Weronika 活潑快樂，而放棄唱歌的 Vèronique 總是哀傷落寞。方生方死，方死方生，死與生總是並存的，從這個角度看，說《兩生花》是一部探討生死——而不只是講述感應、命運[15]、甚至音樂[16]——的電影，或許更為恰當。

15 片中有個很重要的角色在後半部份才出現，他是一位木偶師，導演透過他來呈現/思考玄之又玄的命運，並以他為中間人，指引 Vèronique 發現 Weronika 的存在。

16 本片最初的名字是《唱詩班的女孩》，而音樂更是片中非常重要的內容，說音樂才是本片的主角，亦不為過。

生的意義——《留芳頌》17

尹德成

一、困局

黑澤明（一九一〇—一九九八年）電影《留芳頌》（一九五二年）的主角渡邊是市民課課長，在政府工作已三十多年，臨近退休卻患上末期胃癌，生命只餘幾個月。與此同時，他發現兒、媳正計劃搬離老家。對他來說，這比癌病的打擊更沉重。渡邊太太早死，只剩父子倆相依為命。他人生中每個片段，無論快不快樂，都和兒子有關。可以說，他一生中每件事，都是為兒子而做，兒子就是他的寄望。可是兒子長大了，有自己的家庭，也有自己的寄望。如果渡邊的人生目的是養育兒子成人，好等自己晚年時有人照顧，那麼他是失敗了。這失敗在剎那間將他一生所做的一切變成無意義。

17 本文根據筆者的〈《留芳頌》：幸福與意義〉改寫而成；見《光影中的人生與哲學》，尹德成、羅雅駿、林澤榮合編（香港：三聯書店，二〇一四年），頁二〇四—二一五。承蒙三聯書店（香港）有限公司授權轉載於本書，特此致謝。

我們往往以行動（action）的目的（purpose）為行動的意義（meaning）。例如某人為了參加馬拉松，每天下班後跑幾十公里路回家。他每天辛苦跑幾十公里的意義就在於參加馬拉松。然而，有目的並不必然有意義。當你很想達致某個目的時，你會很樂意為它而去做某些事，你會覺得這些事都有意義。不過，當你反覆做着相同的事，嘗過無數次達成這個目的所帶來的愉悅之後，你不再對這個目的感興趣了，於是有意義的事情變成無意義。在我們的生命中，充滿各種重複而無意義的小事。為甚麼還要繼續做這些事呢？或許我們會想，如果人生有一個終極目的，我們所做的每一件事，都是為了達成它而做，那麼一切看似無聊、瑣碎、互不相干的事情，立時由這個終極目的串連起來，一切事情就會顯得有意義了。然而，人的終極目的是甚麼？

可能渡邊從來沒有想過人生意義的問題，可能他一直以為自己的人生是有意義的，因為他一直以兒子為人生的終極目的。為了成就這個目的，渡邊可以忍受那些沉悶、重複、無聊的工作。然而，當他知道這個終極目的是不可能達成之後，他意識到過往自以為有意義的事原來是徒勞、無意義的。就像那個為了參加馬拉松的人，經歷了漫長而沉悶的艱苦鍛煉之後，卻發現根本沒有馬拉松比賽。有甚麼比這樣更讓人氣餒？

死亡終歸把人的一切努力與成果取消，使一切目的與企望化作烏有。渡邊在知道自己即將死去時意識到這一點。如果他有信仰，他必會相信他所做的每件事都必有目的，儘管他未必知道那是甚麼。如果他沒有信仰，他必定很難過，因為他會發覺自己原來做了一輩子傻瓜。他可能會想：早知如此，便有酒今朝醉、快快活活混日子算了！雖然在政府裏混了三十年日子，但他並不快活！三十年來從沒請假的渡邊不上班了。

二、出路

渡邊在街上遊蕩，想尋找快樂，但快樂是甚麼？他想追回逝去的青春，但青春一去不回頭！渡邊不可能從頭規劃他的人生了！一天早晨，疲憊和失落的渡邊在路上碰見女下屬小田切。她想辭掉市民課的工作去工廠打工。為了讓課長在辭呈上蓋章，她只得找上渡邊家門來。開朗率直的小田切在辦公室整天嘻嘻哈哈的。渡邊想知道為何她總是那麼快樂，於是每天跟她四出遊玩，只望在死前能再快樂地活一天。可是小田切也不知道為何自己總是那麼快樂。她只覺得在工廠製造玩具時，就像跟所有小孩子成為朋友一樣。她的無心快語喚醒了渡邊，讓他領悟到生命的意義，在困局中找到出路。

渡邊的出路就是回去上班。在生命最後的歲月，他決心將一幅爛地改建成小公園。雖然建公園不是市民課的職能，但他深信如果能夠聯繫其他部門，公園是可以建成的。在公園落成揭幕的那個下雪的晚上，他被發現死在小公園裏。

這算甚麼出路？他不過做回平日無聊的工作吧！他不正是因為長年累月重複這些無聊的工作，才會感到人生沒有意義嗎？為何現在做回同樣的工作又會變成有意義、變成他的出路呢？讓我們回頭看看渡邊的人生和工作為何會變得無聊。

三、意義

渡邊的抽屜有一份二十年前他寫的改革建議，不過它如今只作為一疊草稿紙而存在！當年他對工作仍感到新鮮，想幹一番大事。然而，在政府工作越久，越發覺甚麼都做不到。要麼你離開，要麼你得順從（conform to）整個官僚架構，一切按既定程序辦。當熱情消磨淨盡，當工作變成無關痛癢的例行公事，工作便不再有意義了。他之所以願意每天重複做着這些和他本人全沒關係的事情，大概只是為了每月發下來的薪金。

從另一個角度看，對「意義」的理解也是我們失去意義的原因。當工作可以帶來成就感，就認為工作有意義；當工作不再有成就感，便認為它們沒有意義。這是把意義視為行動的目的或成果的想法。不過，一個行動的意義不一定在於它的目的，而可以是在於我們能否把它放置在一定的脈絡（context）中去理解。以電影中小田切辭掉市民課的工作去工廠打工為例，要理解她這個行動，我們得把它放置在二十世紀五十年代的日本社會這個脈絡當中。如果我們不知道當時日本要振興工業，全民拼力要從戰敗中復興，因而很多人都在工廠工作，便無法明白她的選擇。

從渡邊抽屜中的改革建議可知，他也曾嘗試改變身處的官僚架構，哪怕只是其中一小部份。只不過在政府日子久了，他發覺無論自己做甚麼，它還是絲毫無改。當他意識到自己的努力不會有成果，改變不了這個世界時，世界和自己彷彿全無關聯，而他所做的一切只是一個個孤立的行動，他的人生也顯得支離破碎。

如果我們所做的事和現實世界全無關聯，那麼我們便失去理解這件事的脈絡。只有當我們和世界有所關聯，我們的行動、工作才能夠以這個世界為脈絡去取得意義。所以，渡邊的出路並不在於他返回日常工作當中，而在於他要通過他的工作重新和世界聯繫上，從而為他的工作和人生重新找到意義。這很大程度上有賴於他對「意義」有完全不同的理解。

在重新領悟工作的意義之前，渡邊的兒子是他和這個世界的唯一聯繫，但兒子的「背叛」卻令他失去理解自己和世界的最後依據。幸而他遇上了小田切。雖然小田切自己也不清楚為甚麼會快樂，但她的話卻喚醒了渡邊。

渡邊應該清楚知道，建個小公園對整個政府乃至整個社會而言，只是一件小事，不會被視為甚麼成就或功勞，過不多久便不再有人會記起他。然而他應該會相信，他所做的事是可以影響他人，例如那些在公園玩耍的小孩子，就正如小田切相信當她製造玩具時，她便是所有小孩子的朋友一樣。只有這樣，渡邊才能重新建立跟現實世界的聯繫，重新理解自己的人生。

以哲學回應死亡——《永遠的一天》[18]

羅雅駿

希臘導演安哲羅普洛斯的電影極富個人特色，他喜歡運用長鏡技巧來模糊主角的記憶或幻想，時而令觀眾感到困惑，然而安氏別出心裁地以此技巧把一些哲學主題融入電影中。《永遠的一天》正是安氏借助希臘神話《奧德賽》裏那段回家的隱喻來表達男主角尋找自我及面對自身死亡的旅程。

一、時間

《永遠的一天》是安氏《巴爾幹三部曲》中的第三部。故事講述身患重病的詩人亞歷山大進院接受治療前一天的經歷。片名將「無限」與「有限」這對相悖的概念連在一起，寓意着一個有關時間及生死的哲學問題。

18 本文根據筆者的〈《永遠的一天》：神話、哲學、電影〉改寫而成；見尹德成、羅雅駿、林澤榮合編：《光影中的人生與哲學》，頁一三六—一四七。承蒙三聯書店（香港）有限公司授權轉載於本書，特此致謝。

希臘人把神祇視為幸福的一群，因為祂們不受時間所限，而這種幸福觀源於人類對死亡的恐懼，所以古希臘神話背後隱藏着克服死亡恐懼的願望。可見，死亡的恐懼只有人類才需面對，換言之，「如何超越或克服死亡的恐嚇」是一個「人的問題」。

對於這個問題自古以來人類以三個方式面對。第一是透過生育，靠繁殖後代，使生命得以延續。但這只是物種上的延續，對於面對個體自身終須一死，似乎沒多大作用。第二個方式是藉由一個人在世時的功績，使自己名留青史，從而達致不朽。在荷馬史詩《伊利亞特》中的阿基里斯企圖透過這方式成為英雄，令自己的名字流芳百世。第三，可從哲學中尋求出路。「死亡」是人類「有限性」的一種體現，它亦體現於一切永不復再的事物之中，例如失去的童年、一去不返的友情，以及父母的離異。法國哲學家呂克·費希認為人應先以理性思考如何生活才能構成美好的人生，然後培養出一種實踐救贖的智慧，以獲得幸福的人生。

《永遠的一天》的劇情以主角亞歷山大對亡妻安娜的回憶寓意「過去」；此刻面對自己的死亡為「現在」；阿爾巴尼亞小孩將要面對不可知的前景，象徵着「未來」。安氏糅合神話與哲學於電影裏，亦可算是以電影藝術謀求「救贖」的一次嘗試。

二、鄉愁

安氏視自己的電影為「回家的旅程」，「回家」的渴望亦稱為「鄉愁」，所以安氏的電影充滿鄉愁的氣氛。然而，「家」並不獨指出生的國家或所寓居的那片土地或房屋，「在家」是一個認清自我並且與宇宙融和，發現意義的狀態。

古希臘斯多葛學派的哲學思想指出，人之將死只是整個宇宙規律中的一環，人的存在源自於這個循環不息的宇宙運行。所以，他們提倡人應該認識這個宇宙中的規律，從而把自我植根於此中最恰當的位置，在此生中安身立命，獲得有意義及幸福的人生，克服對死亡的恐懼。換言之，我們可把奧德賽的「鄉愁」視為這種把自己回歸宇宙規律的渴望。

三、歸程

電影接近尾聲時，亞歷山大去到療養院跟媽媽作最後的道別。他坐在母親床邊，問了很多的「為何」。創作上的窒礙令他困惑，「為何世事都不如我們所願？」突如其來的病引起了他思考：「為何我們會腐朽？」患病後他徘徊於生之欲望與人之必死的痛苦之間，不禁令他問：「為何我們總是無力地撕裂於痛苦與欲望之間？」對這個世界的陌生感令他無奈慨嘆：「為甚麼我過着一個放逐的生活？」「為何只在運用母語時，我才感到『在家』？」

最後他問：「為何我們不懂得去愛？」

電影中主角偶遇一位阿爾巴尼亞裔小男孩的經歷，令他重拾人與人之間的愛，可惜這段關係並不長久，小孩最終都得離開希臘，展開另一段人生旅程。亞歷山大與小孩一起搭了最後一程巴士，此亦是電影最為人讚嘆的一幕。亞歷山大把他送到碼頭，小孩賣了最後一個字「argathini」給他，即夜深的意思，寓意亞歷山大已到了人生的最後階段。

目送那小孩上船後，亞歷山大駕車停在交通燈前，呆坐至天亮。天亮時他把車直駛到海邊的大宅，步入屋後他的妻子安娜的聲音再次響起：「我在海邊給你寫信，不斷地寫。如跟你說話般寫給你。如果有日你碰巧記起今天，請你緊記，這天你的雙目凝視着我，眼中只有我；雙手輕撫着我、懷裏只有我。我現站在這裏等着你，顫抖着。懇請你給我這一天。」通往後園那扇門徐徐打開，亞歷山大步出後再次遇上妻子，還看見嬰兒床上的女兒、母親及其他親人。在後園中原有的帳篷已被清拆，顯示他身處現在；但已成年的女兒變回嬰兒，安睡在籃中，而已故的妻子再一次出現，導演以此長鏡把往事與當下融合為一。安娜邀請他一起共舞，在結他的伴奏下，所有人雙雙相擁起舞。亞歷山大跟妻子說他不會到醫院了，似乎已欣然接受自己的死亡。

四、永恆

很多電影都以剪接穿插對前塵往事的回憶，每個片段間的剪接凸顯了那生死相隔的界線，以展示逝者於記憶中的存在。回憶一旦被喚起，故人彷彿重現當下。這種感受某意義上擺脱了死亡及時間的限制。可是，安氏並沒有以剪接處理這一幕，卻以長鏡模糊了生死及時空的界線，呈現一種打破「過去」、「現在」及「未來」的願望，所有人和諧地永遠共存於此刻。主角重讀妻子的信，把她帶到此刻。與妻子及親友共舞，重新召喚起了「在家」的幸福感。此幕再遇亦象徵着他們跨越了生死之間的界線，令他覺悟到自己要回的家，重新擁抱以往忽略了的妻子及修復與家人之間的關係。電影以此終章回應那「人的問題」。

最後亞歷山大問安娜：「明天有多久？」妻子回答：「永遠；一天。」

此刻如安娜所願，如製作標本般，以針釘下蝴蝶那樣，把幸福的一天永遠留住。

字裏生死

以生命書寫死亡——
對讀《伊凡·伊利奇之死》與托爾斯泰日記

謝冬瑜

列夫·托爾斯泰著的《伊凡·伊利奇之死》，既寫「死」也寫「生」；主角伊凡的心理狀態，直到今天我們讀來仍有共鳴，說明不同世代和地域的人，對死亡的想像和感受有共通之處。

讀完小說我不禁好奇，作者托爾斯泰自己又是如何生活，如何面對死亡？直到臨終那年，托爾斯泰仍堅持寫日記，幾乎每日一篇，而對讀《伊凡·伊利奇之死》和托爾斯泰日記，或能幫助我們思考應如何面對生死。

如何接受死亡？

人類臨終心路歷程分為五個階段：否認孤離、忿怒、討價還價、消沉抑鬱、接受。我們往往會在前四個階段反覆徘徊，即使做到接受，仍有可能倒退前四個階段中的某一個；有些人也許從未真正接受，就已撒手人寰。

伊凡得知自己命不久矣，情緒在前四個階段徘徊不定，直到死前兩小時，才真正步入接受階段——想跟親人好好道別，覺得死亡並不可怕。在伊凡真正接受之前，這些階段交替出現：否定階段——他明白人會死，但認為自己病情沒有醫生說的那麼嚴重；憤怒階段——他對上天作出憤怒質問；預備性抑鬱——他只想身邊有護工男僕靜靜陪伴，不願說話。

托爾斯泰本人死前，亦經歷類似的情緒反覆。他晚年病痛纏身，自覺命不久矣，臨終那年的日記，有不少都以「活着」或「今天又多活了一天」開頭：有時覺得自己已做好死亡的準備；有時極度低落抑鬱；有時心情舒暢，只想寫作，不會想到死亡。[19] 這些情緒變化重複出現，每天就像是隨機抽取到一個心情，或是被某個事件觸發而令情緒突變。

托爾斯泰逝世於一九一〇年，他在一八八四年左右創作《伊凡・伊利奇之死》時，算是提前揣摩到臨終病人的心態，即便如此，托爾斯泰死前亦不算很豁達，那麼提前知道臨終的心理，又有甚麼意義？

對我而言，得悉這五個階段的內容，也給予我真實的恐懼感，這些知識提醒着「你真的會死，而且死前會有這些變化」。我甚至已在「否認孤離、憤怒、討價還價、消沉抑鬱」之間徘徊：否認階段——有時會欺騙自己，生死學只是一堂課，聽完就別當真（但內心深處知道，老師講述的內容遲早會發生在我身上）；討價還價階段——有時我會神經質地控制飲食，質問命

19 托爾斯泰著，雷成德等譯：《列夫・托爾斯泰日記（下）》，西安：陝西人民出版社，一九九八年，頁四七九、四八四、四八五。

運：「我這麼努力，該讓我活久一些吧？」

為甚麼我們會因得知死亡的事實而恐懼？《伊凡．伊利奇之死》和托爾斯泰日記未有闡述這個問題，而修過生死學課後，我明白自己對死亡恐懼源於執着於一個永久的「我」。可是永生是否代表完美？若我獨自不死，親友相繼去世，我會度過漫長痛苦的一生；地球、宇宙或有其壽命，一般人無須擔心世界末日，我卻要在人類滅絕後擔驚受怕。永生不死，似乎並不完美。

若是人類一同永生，人類科技水準和生產力能否追上人口膨脹的速度？僧多粥少，大家能否和平共存？這些未知數，可能令「永生」變成煉獄。

道理不難懂，但我們又該如何面對自己無法永生的事實？這一點在托爾斯泰日記中或能找到啟發。托爾斯泰創作《伊凡．伊利奇之死》那年，正在閱讀老子的著作，並把自己良好的精神歸功於老子。[20]

老子《道德經》第七章「天長地久。天地所以能長且久者，以其不自

20 《列夫．托爾斯泰日記（上）》，頁三九七。

生，故能長生。」道出像天地一樣不追求長生，汲汲於永久存在，我們才能「天長地久」。這是十分弔詭的：我們享受到活着的美好，便自然渴望持續下去，因此會抗拒死亡，但這樣會適得其反。我們想生命長久，必須放下對永生的執着，而這首先應避免只看到「死亡」而忘記「活着」，且必須認識到，我們沒有能力與命運討價還價，只能盡量享受當下的「活着」。這樣便達到「寓永恆於有限」中。

如何活着？

去世前一個月左右，托爾斯泰在日記中寫道：「應當質問：不是我為甚麼活着，而是我做甚麼。」[21] 我對這句話的感受是，當我們質問自己「做甚麼」，更能專注於思考當下一刻的所作所為，擁抱生命的過程，即使想不

21 《列夫．托爾斯泰日記（下）》，頁五三九。

通「人為何要活着」，亦不代表自己要渾渾噩噩度過每一日。

伊凡的生活猶如齒輪轉動，他很努力，但不太思考努力的方向，往往是被動接受環境所給予的人與事，例如他終生抱怨婚姻，卻幾乎沒有反思當初為何沒有經過感情培養就結婚。人們在他死後表現冷漠，他們把伊凡的逝去視作社會失去一個「齒輪」，馬上討論如何尋找新的齒輪取而代之。

必須指出，我們每人都可算是世界的一粒「齒輪」，區別在於，我們是被迫安置，還是自願選擇待在那個位置。

伊凡可算是心不甘情不願；而從托爾斯泰日記可看出，托爾斯泰自願成為知識、思想的學習者和傳遞者，在他生命的最後一年，他會為虛度時光而羞恥，一旦精神好轉就會讀書、寫作、修改論文。

我們都知道托爾斯泰作品《安娜．卡列尼娜》的首句舉世聞名：「幸福的家庭都是相似的，但不幸的家庭各有各的不幸。」讀畢《伊凡．伊利奇之死》和托爾斯泰日記，或許可以說：許多人臨終的心理歷程都是相似的，但活法則是各有各的不同。

這邊相遇，那邊重聚——流行曲詞對死後世界的憧憬[22]

摯愛逝世，斷然離開了世界，彼此都萬般不捨，最大的期盼與安慰不是死而復活，而是在另一個世界重聚，這便是為何宗教對來生、天堂的承諾這麼吸引人了。重聚不是以歷經風霜的殘破肉軀相遇，再見時也不要帶着過往的仇怨糾結再來互相折磨。我們想像的重生、再遇，是經聖潔之火洗練，剝落苦痛，唯剩下一片明淨的美善。只要相信這個可能的世界，永別便變成暫別，哀傷亦會稍減。

你和他／她的未來

Swing 有一首歌《那邊見》（黃偉文作詞），歌詞裏面有：「從頭換個新的開端，就算不太像個樂園，也算是得到某些改變，別嫌，約親朋，那邊

22 轉載自《向終點敬禮》。

見。」這道出了重聚的渴望：沒有天堂也不打緊，只要能再見。這個看法較接近輪迴的觀念，但根據佛家，輪迴是苦，歌詞卻謂：「循環後再見，又變新鮮，其實並非缺點。」只要還可以重來，便表示有機會、有希望。當然希望是消除此生的遺憾：「有些朋友想見面，有些承諾講了廿年」、「想修整損毀的配件，想清理往日做人在積存的偏見。」因此，必須寄望有那麼一個「那邊」。

你和他／她的過去

好了，假使真的可以那邊見，讓你再續前緣，你如何重新過你的生命？你試試回顧之前與摯愛共度的一生，哪些一度觸動心靈的時刻你想保留？哪些可愛、可憐、可歌可泣的情節，縱使不盡如意，你仍不願抹去？五月天在《乾杯》（阿信作詞）中問：「會不會，有一天，時間真的能倒退，退回你的、我的，回不去的悠悠的歲月？」在倒退中，在此際歷盡煩惱、無奈、絕望的困境後，你會有不同的回應嗎？

你和他／她的現在

無論這是「回去從前的有一天」，還是世界盡頭的「那邊」，你都可以把它們拉到目前，「有一天，就是今天，今天就是有一天」，「有一天，我們都變成昨天，是你，陪我走過，一生一回，匆匆的人間」，當下向我們敞開的是無限的可能性，「原來沒更好的一邊，行前行後，只差一線」，與其叫未來的自己追悔，倒不如拋開枷鎖，放下執着，「說出一直沒說，對你的感謝」。那麼，就算摯愛遠去，又或當世界或人生到了終點，也不用理會是否還有來生，亦能「和你舉起回憶釀的甜，和你再乾一杯」，這一杯就是永恆的酒。

再乾一杯永遠，

喝了就能萬歲，歲歲和年年。

時間都停了，他們都回來了，

懷念的人啊，等你的到來。

時間都停了，他們都回來了，

懷念的人啊，等你的到來。

每一生的相遇，就是再一次的重逢，為了下一次的重逢，好好珍惜今生的相遇吧。

毋須重來

仁瑞

看過的

已是最好的佛蘭明高

多層的舞衣

仍在旋

紅底黑花的披肩

隨着急促的結他

如墨潑下

紅色的、黃色的、綠色的、藍色的

晶亮的皮鞋

得得・得・得

以踢、以勾、以扭
欲前還後
似右卻左
手風琴領着低音大提琴
和着小提琴
擺弄着探戈的纏綿

毋須重來
眾人皆知
安哥只為盡興
最好的
已於某年某月某日，歷歷而過

聽過的
如雷貫耳
如瓊液灌頂
振聾發聵
從教室出來，漾着夕死可矣的幸福

擁抱過的
已是天長地久

消逝的
是色聲香味

扭曲的
是回憶

為之寫下歷史的
是我見
鑑古喻今的
是我慢

毋須重來
一切如如地歷過
似流水
淙淙之聲是一次新的邀請
最好的
在昨日
在明天
在當下

悼念你，悼念我們

為甚麼分離總叫人神傷？[23]

有一年我給「生死學」的學生出了一道作業題目：「寫一封信給你已過世的親人，訴說你想跟他（她）說而未說的話」，之後有學生告訴我，見到同學在宿舍寫作，邊寫邊哭，我答我也是自作孽，亦在批改時禁不住落淚。我不諱言我是善感的人，容易被人間的真摯所感動；然而，「別離」這亙古以來令人傷感的情境，大概有情眾生都難以灑脱面對的吧。

佛家八苦[24]之一是「愛別離」，所愛的人偏要分開，心底的苦痛無法言喻；何況是永別！而今而後，陰陽永隔，愛人只有活在思念當中。

23 轉載自《天堂家書》，香港：明窗出版社。

24 佛教説人生有八苦：生苦、老苦、病苦、死苦、愛別離苦、怨憎會苦、求不得苦、五陰熾盛苦。

「死亡不應表示關係的中斷，生者與死者的關係依舊，可藉着悼念與追憶來聯繫。」我的靈安慰我說。

「但是一個喪父的學生道出了她的渴望：『我需要一個有血有肉的父親！』死亡奪去了親人的血肉之軀，我們再不能依偎着他的身體，握着他大大的手，看見他的笑靨……」

「你所不能接受的不是死亡，而是生命！生命中的種種，都不斷在消逝中，現世的存在從來便不是永久的，強求一切恆常不變只是你虛幻的執着。」我的靈溫柔地提出警告：「因此你會苦。」

「假使一面是愛與痛苦，另一面是解脫自在，超乎物化，那我寧願選擇痛苦。」

我的堅執令靈輕聲嘆息：「很多人也與你一樣：寧願擁抱哀傷，也不願放下執愛。甚至以自責、內疚來抓緊逝去的感情。但有沒有想過，假若你的愛寄託在死者身上，渴望返回舊日時光，腦中不斷重播記憶來安慰自己，最終你的愛因不能流動而枯竭，你為了一段記憶而埋葬了愛，到頭來記憶亦會腐臭。我們的愛需要不斷滋長、更新，對愛的新體驗潤澤了我們的記憶，同時也潤澤了我們與逝去的人的關係；我們對死者的愛，在自己的生命成長中不斷壯大。」

「這道理我都懂，但是，我仍然會哀傷，仍然會不捨，思念時會心痛，想起來會哭……」

「我們是人嘛，可幸的是能哭。不過，哭過後，就將思念轉為感恩，不捨化作承諾，不再以哀傷而以喜樂去細味共同生活中的美好，把它傳送開去……」

當我再憶起逝去的親人，我又熱淚盈眶，我毫不羞愧，讓自己盡情痛哭；我曉得我的眼淚不僅僅來自悲傷。

生死太極

虛一

自埃及回來的第二個晚上，可能是時差問題，也可能感冒引致鼻塞及喉嚨痛，凌晨二時多還睡不着，惦着翌日約了師母去選師父遺物中與太極有關的錄影碟。最想要的是師父自己的演式，那次想為他攝錄，他說已有人為他拍了，但我一直沒有問他取來看，也沒有要求他複製一套給我，現在已不可能了，我也沒有機會告訴他近半年我算是勤於練習，可以打給他看……

自從知道師父進了醫院，我盡量每天探望他，始終沒有機會深入談他的病、感受、願望等。他入院倉猝，絕不會想到一躺上病床，便從此下不來了。他的病情來勢洶洶，不斷輸血，輸血小板，打抗生素，打更強的抗生素，仍舊三天兩天便發燒，身體在對抗，對抗甚麼——對抗外來的侵襲？還是對抗治療？

上網瀏覽，白血病，有可能是輻射引發，治癒率頗高云云。我輕描淡寫地告訴師父，算是鼓勵，他只搖一下頭。我自己毫不樂觀，怎能感染他呢？我甚至有些心灰：師父每天勤於打坐練功，太極拳更數十年不離手，不煙不酒，生活有規律，飲食清淡，因此接近九十高齡，仍步履輕盈，矯健有力，運勁似無實有，一碰觸便輕易將對手彈於數尺外……但始終被惡疾打垮，那我們還練甚麼功！

在醫院三個月，師父日漸衰弱，連轉身移動雙腿都要人幫忙。在手上打種的「豆豆」（靜脈輸液），塞了又換，換了又塞，只好在腳找可用的血管。尾骨附近還長了褥瘡，但他從不呼痛，也不抱怨，所有的安排他都接受。然他對前景亦茫然，有次不禁嘆息：「你說，怎麼辦？」似乎標靶治療是唯一方案。我罕有地對標靶治療持積極的期待，不是期待它能治癒病患，卻努力憧憬着他（縱使是短暫）的康復，然後，重溫一起從富豪花園走路到第一城粥麵店，享用下午茶的悠閒時光，讓他告訴我病中的感受，大概我們之間會更為親近。

我隱約意識到那是我一廂情願的奢望，當時還沒有清晰看到那種討價還價的特質，而現實當然使我的希望落空。師父從當初堅持自己拿杯子飲水，到容我以飲管餵食，他是徹底的順服了，完全的接受了，也可說無罣礙地放下了。他不徐不疾，可以速則速，可以久則久，虛心地、耐心地候命出發，在我離港前一天最後一次探望他，他又再問我的歸期，我如實以告，不敢強留他等我回來，也不應允再見，大家心中有數，此別很可能是永別，也可能還有一段「未來」，在那未知的國度，在那一片光明的大虛空中，兩個靈魂再度遇上。

原來還不用等到那「未來」。在埃及回來的第二個晚上，在睡與醒之間，我見到師父出席一個聚會，正想上前，轉眼又不見了，我有點焦急，問人師父在哪兒，有人指給我看，原來在跟人談話，我走近站在旁邊等候，雙眼緊盯着他，怕他又消失了……我隨即醒來，忽然清楚意識到自己的不肯放手，冒了一身汗。月來持續的微恙、埃及沙漠的熱氣、這兩天喉嚨的劇痛，在一陣清涼中釋放了，喉痛頓覺減退不少。當下感到師父三個月來的痛苦，是為了安撫我們的不捨。這點翌日從師母口中的「如果他一回港便離世，我是絕對不能接受的」加以證實，我當場跟師母說，師父住院的日子，是為我們捱的——當我們準備好了（當然他也要為自己準備），便可輕身上路了。

在埃及的一個晚上，我們有幸可以在沙漠上觀星，我看到的不是獵戶座水瓶座，而是見到恆河沙般無量無數的星星。與其說是密密麻麻滿佈天空，倒不如說是這些星星「組成」天空，我想像其中一顆是師父的靈魂。雖然在無數的靈魂中，兩度碰上在或然率上是很低的，但我非常樂觀，理由很簡單，四十年前我們不同樣也在茫茫人海中遇上嗎？

我伴護你走過

秋秋

貓貓是我平生第一頭兔仔。名字是他舊主人改的，據説因為他屬於「貓貓兔」的品種。他跟我的時候只有一歲，一臉BB的稚氣。這是四年前的事了。

在這四年裏，貓貓教我勇氣，去面對這總是叫人失望的世界，他亦教我面對自己，內外如一；還有，寬恕別人，原諒自己。當然，他帶給我們無比歡樂。一直以來，他都充當聯繫家中各人的角色。我心中一直都在感謝他，但在他彌留之際，我説：「貓貓，謝謝你啊！」他聳一聳耳朵，我確定他收到了。

今天是貓貓的生辰。昨天吃過午飯，我離開飯桌，走向正在曬太陽的他，對身後飯桌上我媽的用膳問題，突然有種 let go 之感。我按摩着貓貓，給他搞碎了發濕的草，他別過了頭，給他水，他亦不要，然後把頭擱在盛草的盤上，那一刻，我亦感到他 let go 了重擔，我抱起那輕得只剩數十克的身軀，感到他體內有股涼氣。我用慣常的夾綿布裹着他，回到房中，在桌前坐下，找出手抄心經，開始誦唸。再到廳上想找 PK 送的《動物生死書》，找不到也就算了。繼續給他唸經，他豎起耳朵聽，我一直唸一直哭，心經釋放了貓貓，也釋放了我。我稍停下他卻想繼續聽，我一直唸下去。他稍微動了一下，我知他要小便，帶他到尿盤，再替他清理好。

我輕撫他的身體，他卻像感到很大的刺激，我聽說臨離開時身體會很痛。於是我只輕按着他，他輕輕的抽搐了兩下，眼水冒出，舌頭也吐了出來，我以為他走了，但之後還有微弱呼吸，眼睛清晰明亮，舌頭也縮回去，眼神不是恐懼，不是空洞，而是全然的信任，他相信心經可以帶他去到一處廣闊自由的地方：遠離顛倒。然後他就走了，無聲無息，那本來因病而變形的右眼，恢復了原來的美麗。

我抱着他向照料他的Parsini道別，再向正在午睡的媽說再見，媽坐起來，摸了他一下（平時沒有邀請，她不會這樣做）。女兒也趕了回來，我打算到新界找一處環境清幽的地方，給他下葬。初時想去鹿頸，但沿途遊人非常多，很難進行。唯有打電話給Lily，問她農場可有地方收容，思一口答應，於是重返沙田接Lily一道去農場（忽然記起，貓貓的大小便也曾滋養這一帶的土地呢）。抱着貓貓繞行了大半個新界，這是他的夢想吧，還是我的？

抵達農場，有狗在吠，我們說貓貓別怕，但隨即記起他在農村小住的日子，躺在門邊很得戚的讓外面的狗抓狂的情境，知道他不會怕，女兒揭開布看他，卻見他笑了，嘴角向上彎，瞇起來的眼睛也露出笑意，這是我們從來沒有見過的，（他的嘴角常向下彎，像扁嘴的樣子，從前我們都作弄地將他的嘴角向上拉起，教他「笑」。）如今我們三人見證了他的笑容，這是他送給我們最後的一份禮物。

貓貓離開得很乾淨，早上我替他洗了手腳，走之前亦排了小便，沒有讓大小便失禁而弄污白毛。但在抱着他上山時即是發現他的笑容後，他卻又排了小便，零零地落在小女兒的大衣上，在冬日下午陽光的映照下像顆顆金珠，他的身軀依然沒有弄髒。那是小女兒慨嘆地說「以後再沒法抹貓貓的尿了！」之後不久，這是貓貓頑皮的玩笑，還是安慰？

我們找到一株陽光充沛的芒果樹，Lily 替我們在樹下鋤開了一個洞，先鋪了一層芒果葉，再用夾綿布裹起讓他躺好，蓋上泥土，再鋪上石頭，以防野狗，最後放上思及 Lily 贈的黃色玉簪花。

貓貓生命中充滿奇蹟，他病了近兩年，從牙患引起的毒瘡及腫瘤先後三個，但從種種跡象看來，他仍不願離開。好幾回都以為他難逃一劫了，卻又安然度過。他非常接受自己的病，以及腫瘤，每次洗臉的時候都不忘細細擦拭；身體可以的情況他都開心活潑。死前兩星期，我心血來潮察看他的牙齒，那據獸醫在做了拔掉門牙手術後說的，已經搗毀所有組織，令得無法再生長的地方竟然再露出了尖尖的牙！這可證明他生命力的頑強。但正如一直給他開方的鍾醫師說：「他不想走又如何？」言下之意，就是他的身體無法再負荷了。當貓貓自己也 let go，便安詳離去。生命無法控制，不可預知，唯有讚嘆和感恩。

附錄

推薦書目

一行禪師（Thich Nhat Hanh）著，明潔、明堯譯：《與生命相約》，台北：橡樹林文化，二〇〇二年。
E·雲格爾（E. J'ngel）著，林克譯：《死論》，香港：三聯書店，一九九六年。
大衛·多薩（David Dosa）著，謝靜雯譯：《預知生死的貓》，台北：大塊文化，二〇〇九年。
丹尼爾·卡拉漢（Daniel Callahan）著，張至璋譯：《生命中的懸夢》，台北：正中，一九九九年。
史蒂芬·拉維（Stephen Levine）著，宋偉航譯：《如果只有一年：若只剩一年可活，你要做些什麼？》，台北：立緒文化，一九九九年。
弗蘭克（Viktor E. Frankl）著，趙可式、沈錦惠合譯：《活出意義來：從集中營說到存在主義》，台北：光啟文化，二〇〇五年。
米奇·艾爾邦（Mitch Albom）著，白裕承譯：《最後14堂星期二的課》，台北：大塊文化，一九九八年。
吉姆·班達德（Jim Bedard）著，洪儀真譯：《當我還有七天可活：生死蓮花》，台北：智達國際，二〇〇〇年。
艾妮塔·穆札尼（Anita Moorjani）著，隋芃譯：《死過一次才學會愛：原來，此生即是天堂》，台北：橡實文化，二〇一三年。
伊莉莎白·庫伯勒—羅斯（Elisabeth Kübler-Ross）、大衛·凱思樂合著，張美惠譯：《用心去活：生命的十五堂必修課》，台北：張老師文化，二〇一七年。

——，林瑞堂譯：《你可以更靠近我……教孩子怎樣看待生命與死亡》，台北：張老師，二○○○年。

伊麗莎白．庫伯勒—羅斯著，謝東紫譯：《天使歸鄉：孩子與父母認識死亡的一堂課》，台北：商周出版，二○○七年。

托爾斯泰著，孟祥森譯：《伊凡．伊列區之死》，台北：水牛文庫，一九七三年。

——等著，徐進夫譯：《死的況味》，台北：志文出版社，一九八二年。

克里希那穆提（Jiddu Krishnamurti）著，廖世德譯：《生與死》，台北：方智，一九九五年。

依品凡執筆，趙翠慧導讀：《重新活回來》，台北：遠流，二○○三年。

尚—多明尼克．鮑比（Jean- Dominique Bauby）著，邱瑞鑾譯：《潛水鐘與蝴蝶》，台北：大塊文化，一九九八年。

肯恩．威爾伯（Ken Wilber）著，胡因夢、劉清彥譯：《恩寵與勇氣：生與死的靈性與療癒（二版）》，台北：張老師文化，二○一一年。

柏拉圖著，呂健忠譯：《蘇格拉底之死——柏拉圖作品選譯》，台北：書林，二○○二年。

威諾森（Patricia Weenolsen）著，吳憶帆譯：《死的藝術》，台北：志文，一九九九年。

約翰．鮑克（John Bowker）著，商戈令譯：《死亡的意義》，台北：正中，一九九四年。

珍．賽佛（Jeanne Safer）著，謝靜雯譯：《死亡的益處：失去父母，是我們二度成長的機會》，台北：大塊文化，二○一○年。

保羅．卡拉尼提（Paul Kalanithi）著，唐勤譯：《當呼吸化為空氣：一位天才神經外科醫師最後的生命洞察》，台北：時報出版，二○一六年。

索甲仁波切著，鄭振煌譯：《西藏生死書》，台北：張老師，一九九六年。

庫伯勒—羅斯著，李永平譯：《天使走過人間：生與死的回憶錄》，台北：天下遠見，一九九八年。

——編著、王伍惠亞譯：《最後一程：瀕死者給醫生、護士、教牧和家人的曉示》，香港：基督教文藝出版社，二〇一〇年。

海倫．聶爾寧（Helen Nearing）著，張燕譯：《美好人生的摯愛與告別》，台北：正中書局，一九九三年。

茱蒂絲．利弗（Judith L. Lief）著，靳文穎譯：《學會說再見》，台北：城邦，二〇〇二年。

許爾文．努蘭（Sherwin B. Nuland）著，楊慕華譯：《死亡的臉》，台北：時報文化，一九九五年。

黃慧英：《訪問死亡：大學生的生死筆記》，香港：進一步多媒體，二〇〇六年。

——：《向終點敬禮》，香港：青春文化，二〇一一年。

——：《療傷之旅：與你一起經歷喪親之痛》，香港：一丁文化，二〇一五年。

凱思林．辛（Kathleen Dowling Singh）著，彭榮邦、廖婉如譯：《好走：臨終時刻的心靈轉化》，台北：心靈工坊，二〇一〇年。

傅偉勳：《死亡的尊嚴與生命的尊嚴：從臨終精神醫學到現代生死學》，台北：正中，一九九三年。

雷蒙．穆迪（Raymond A. Moody）著，孫慶餘譯：《揭開死亡之謎》，台北：求精，一九七七年。

維克多．法蘭可（Viktor E. Frankl）著，鄭納無譯：《意義的呼喚》，台北：心靈工坊，二〇〇一年。

瑪麗．德．翁澤（Marie de Hennezel）著，吳美慧譯：《我們並未互道再見——關於安樂死》，台北：張老師文化，二〇〇一年。

歐文．亞隆（Irvin D. Yalom）著，易之新譯：《存在心理治療（上冊）：死亡》《存在心理治療（下冊）：自由、孤獨、無意義》，台北：張老師文化，二〇〇三年。

蓮華生（Padmasambhava）著，徐進夫譯：《西藏度亡經》，北京：宗教文化，一九九五年。

瓊．蒂蒂安（Joan Didion）著，李靜宜譯：《奇想之年》，台北：遠流出版事業股份有限公司，二〇〇七年。

蘇希拉．布萊克曼（Sushila Blackman）編著，別古譯：《優雅的離去：一〇八位大師面對死亡的故事》，台北：橡樹林，二〇〇七年。

斯蒂芬．雷文（Stephen Levine）著，汪芸、于而彥譯：《生死之歌》，北京：東方出版社，一九九八年。

露絲．皮卡蒂（Ruth Picardie）著，周靈芝譯：《在我道別之前》，台北：大塊文化，二〇〇〇年。

Houghton, Peter. *On Death, Dying & Not Dying*, London: Jessica Kingsley Publishers, 2001.

Levine, Stephen. *Meetings at the Edge: Dialogues with the Grieving and the Dying, the Healing and the Healed*, New York: Anchor Books（Doubleday）, 1984.

Thich Nhat Hanh. *No Death, No Fear: Comforting Wisdom for Life*, New York: Riverhead Books, 2002.

______, and Berrigan, Daniel. *The Raft is not the Shore: Conversations toward a Buddhist-Christian Awareness*, New York: Orbis Books, 2001.

天地
www.cosmosbooks.com.hk

書　　名　與死共生
作　　者　黃慧英
資料整理　Iris Hui
插　　畫　Faith Yuen（頁69, 87, 91, 94, 106, 139, 200）
　　　　　Maxim Lo（頁40, 44, 47, 49, 55, 57, 63, 66, 73, 131, 181）
責任編輯　林苑鶯
美術編輯　郭志民
出　　版　天地圖書有限公司
　　　　　香港黃竹坑道46號新興工業大廈11樓（總寫字樓）
　　　　　電話：2528 3671　傳真：2865 2609
　　　　　香港灣仔莊士敦道30號地庫（門市部）
　　　　　電話：2865 0708　傳真：2861 1541
印　　刷　美雅印刷製本有限公司
　　　　　香港九龍觀塘榮業街 6 號海濱工業大廈4字樓A室
　　　　　電話：2342 0109　傳真：2790 3614
發　　行　聯合新零售（香港）有限公司
　　　　　香港新界荃灣德士古道220-248號荃灣工業中心16樓
　　　　　電話：2150 2100　傳真：2407 3062
出版日期　2022年11月 / 初版・香港

ISBN 978-988-8550-54-8